JN125766

近江日野が生んだ名将

蒲生氏郷が攻めた城・築いた城

福永 保 著

はじめに

筆者は滋賀県蒲生郡日野町に生まれ育ったので、小学生の頃から蒲生氏郷《がもううじさと》の名前は知っていた。歴史や城郭に興味があり、仕事が休みの時はよく城巡りや歴史書を読み、定年退職後は郷土の歴史を調べ、全国の城を廻りたいという希望を持っていた。

平成二十八年（二〇一六）六月に仕事をリタイアして、まず日野で生まれた蒲生氏郷の本を数冊読んだ。それまでは、日野から松阪・会津若松へ行って大きな石高を持つ大名になったという程度の知識しかなかったが、氏郷のことを詳しく知れば知るほど興味が深まった。そのうちに本を読むだけでなく、氏郷が戦に行った場所や築城した城へ行って、氏郷が見た景色と同じ景色を見たい、氏郷が踏んだ土と同じ土を踏みたいと思うようになった。

氏郷が生きていた時代のことを知るためには、二つの方法がある。まず、古文書を読んで氏郷の行った場所がどこで、戦がどのように行われたのか、その真実に迫ることである。もう一つは、発掘調査報告書があればそれを調べて、氏郷の攻めた城や築城した城がどんな城だったのかを知らねばならない。この二つを調べるために入手可能な資料を集めて読み、次に現地に足を運んで自分の目で確かめ、両方に整合性があるか検証した。疑問点は事前にその地域の教育委員会の文化財担当の方などに電話やメールで質問したり、資料を送ってもらったり、現地で直接お話を聞いたりして理解を深めていった。こうして実際に現地を訪れ、自分ですべての写真撮影をし、調べた城は四十九城になった。

これまで蒲生氏郷について何冊も本が発行されているが、戦で攻めた城、どこへ陣を置いてどんな戦い方をしたのか、どんな城を築いたのかという角度から書かれた本はほとんどなかった。本書は蒲生氏郷と城との関わりという点に視点を置いて書いた本である。第一章では生誕から人質時代を過ごした城、第二章では信長、第三章では秀吉に仕えて出陣して攻撃した城、第四章は奥州の一揆を制圧した城、そして第五章は氏郷自身が築城した城という構成になっている。第六章については、氏郷の死後も含めて蒲生氏が会津領主だった約三十五年間に築いた支城の中で、蒲生時代の遺構が残る十二城について書いている。地図や年表、城代の変遷などを第五章までとは別に作成して、奥州における蒲生支配下での築城技術や城代による支城体制に迫ってみた。

こうして氏郷と城との関係を中心に見ていくと、戦国史や城郭史において果たした功績の大きさに対して、一部の人にしか評価されず、全国的な知名度も低いことが残念でならない。

ぜひ本書を手に取って、氏郷のことをもっと知っていただければ幸いである。

蒲生氏郷はこんな人物

蒲生氏は、ムカデ退治で有名な藤原秀郷《ひでさと》の流れを汲むとされ、奥州から上って近江国蒲生郡に領地を与えられたと伝わる。遠祖秀郷については伝承の世界でいわれているところもあるが、蒲生氏は南北朝時代から蒲生郡の有力在地領主として、この地を治めていた。

その蒲生家に氏郷は、弘治二年(一五五六)、近江国日野中野城で賢秀《かたひで》の嫡男として生まれた。織田信長の上洛が始まると蒲生氏も信長に臣従し、十三歳の氏郷(幼名、鶴千代)は人質として、信長の居城岐阜城に送られる。初陣での働きなど氏郷の才能を見込んだ信長は、自分の娘冬姫を嫁がせ日野へ帰国させた。その後、信長に従軍して各地を転戦して戦功を挙げる。

天正十年(一五八二)本能寺の変で信長が明智光秀に討たれると、安土城にいた信長の妻子らを日野中野城に迎えて匿う。信長の死後は豊臣秀吉に仕え、小牧・長久手の戦いで戦功を立て南伊勢松ケ島十二万石を与えられ、松坂城を築城する。さらに秀吉の天下統一に向けた戦でも目覚ましい活躍をし、天正十八年(一五九〇)小田原攻めの功により、会津黒川で四十二万石の領主となる。その後奥州の一揆勢を制圧した氏郷は、この地を若松と改め会津若松城を築城。石高七十三万石に加増され、秀吉の天下統一に大きな貢献を果たす。

氏郷が築城した松坂城と会津若松城は、近世城郭の名城として高い評価を受けている。城だけでなく城下町を整備して、産業の発展に尽くすなど町づくりにも力を発揮した。また千利休の筆頭弟子として茶の湯を嗜み、多くの和歌を詠んだ文武両面に優れた戦国武将として知られる。最終的に石高は九十二万石の全国で三番目の大大名となり、広大な奥州の領地に初めて石垣造りの城を築くなど、城郭史の上でも大きな貢献を果たした。支城には他国の浪人なども集めて城代に取り立て支城統治を行うなど、奥州の新たな歴史を切り開いた。

しかし、秀吉の朝鮮侵攻の拠点となった肥前名護屋城で在陣中に病に倒れ、文禄四年(一五九五)二月七日、惜しまれながら京都で亡くなる。享年四十。氏郷にゆかりのある近江日野・松阪・会津若松では、蒲生氏郷の功績を称えるため「蒲生氏郷公顕彰会」を結成し、顕彰活動を行っている。

二〇二〇年八月

著者

目　次

※引用部は、適宜読みやすいよう著者により改変している。

「氏郷の城」分類表

城の分類	年代	城の数	城の名前
第一章　氏郷幼少期の城	弘治2年～永禄11年	2	日野中野城・岐阜城
第二章　氏郷が信長時代に出陣した城	永禄12年～天正10年	13	大河内城・今徳城・手筒山城・小谷城・鯰江城・百済寺城・槙島城・松之木渡城・大鳥居城・有岡城・壬生野城・長篠城・高遠城
第三章　氏郷が秀吉時代に出陣した城	天正11年～天正20年	15	亀山城・峯城・松ケ島城・小牧山城・加賀野井城・竹ケ鼻城・戸木城・口佐田城・奥佐田城・積善寺城・富山城・岩石城・韮山城・小田原城・肥前名護屋城
第四章　氏郷が攻めた奥州の城	天正18年～天正19年	5	佐沼城・名生城・姉帯城・根反城・九戸城
第五章　氏郷が築城した城	天正16年～天正20年	2	松坂城・会津若松城
第六章　会津領内の氏郷の支城	天正18年～寛永4年	12	白河小峰城・長沼城・三春城・守山城・二本松城・小浜城・梁川城・白石城・猪苗代城・鴫山城・久川城・中山城
合計　49城			

第一章

氏郷幼少期の城

中野城大手門付近に建つ城址碑

氏郷幼少期の城

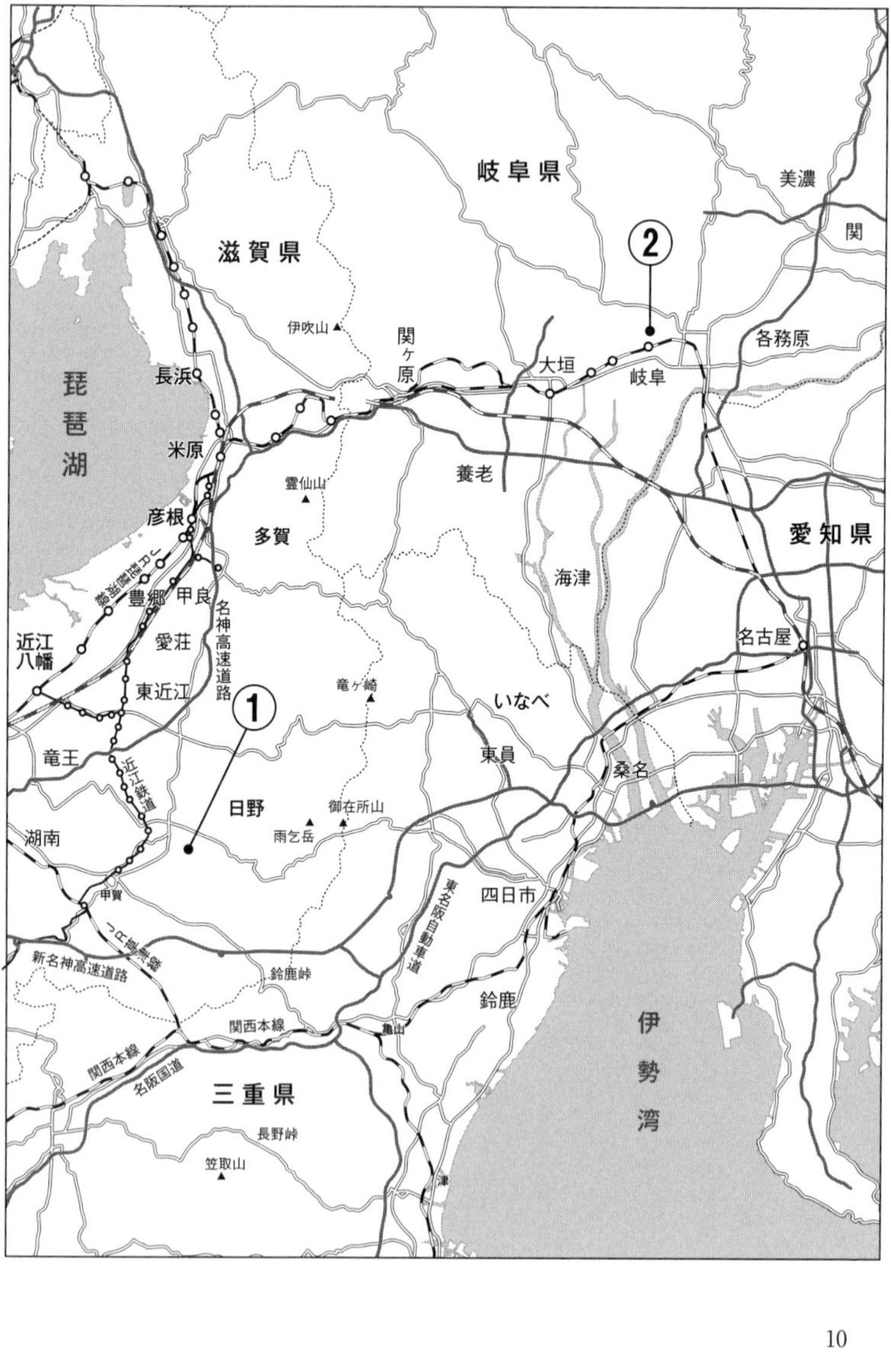
岐阜県
美濃
関
滋賀県
②
伊吹山
関ヶ原
各務原
大垣
岐阜
長浜
琵琶湖
米原
養老
霊仙山
彦根
多賀
愛知県
豊郷
甲良
名神高速道路
海津
近江八幡
愛荘
名古屋
東近江
竜ヶ崎
①
いなべ
竜王
近江鉄道
東員
桑名
日野
御在所山
雨乞岳
湖南
甲賀
東名阪自動車道
四日市
新名神高速道路
鈴鹿峠
鈴鹿
関西本線
亀山
伊勢湾
関西本線
名阪国道
三重県
長野峠
笠取山
津

① 日野中野城

滋賀県蒲生郡日野町

蒲生氏郷生誕の城。本能寺の変で信長が明智光秀に討たれると、安土城にいた信長の妻子らをこの城に匿った。城を囲むように流れる日野川に突出した河岸段丘に立地し、三重の堀と高い土塁で囲まれた土の城。一部堀と土塁の遺構が残る。

② 岐阜城

岐阜県岐阜市

天文８年(1539)頃、斎藤道三が稲葉山城に拠点を築いて整備。永禄10年、織田信長が岐阜城と改める。氏郷が人質時代を過ごした城で、信長時代の石垣が残る。麓の信長居館の豪華さをルイス・フロイスが書き残しており、発掘調査も行われている。

氏郷生誕の城

日野中野城（滋賀県蒲生郡日野町）

築城時期●天文年間（一五三二〜五五）　**築城者**●蒲生定秀（諸説あり）　**城の分類**●平城

氏郷は弘治二年（一五五六）日野中野城で生まれた。本丸跡には氏郷産湯の井戸があり、城域を離れた西側には氏郷が茶の湯に使用したとされる若草清水がある。いずれも信憑性のある書面等で記されているものではなく、想像の域を出ないものである。中野というのは地名でもともと原野だった場所だと思われ、他にも本丸西側の藪地には中野清水と呼ばれる湧水が今も出ており、北東側の西大路陣屋跡へ行く途中にも井戸跡がある。これらのいずれかが氏郷ゆかりの井戸跡だったと思われる。

中野城は日野川に突出した河岸段丘に立地し、かつての日野川は城の東・南・西を囲むように流れており、これを天然の堀とし、周囲を河岸段丘によって守られた要害で、蒲生氏はこの地形に着目してここに城を築いたのではないか。さらに巨大な土塁によって囲むように作られた方形タイプの城で、背面には中堀・外堀により三重の堀を構えていた。この中野城を築く前は、東側の山手にある標高二八四メートル・比高五〇メートル、北側と東側は急崖の要害で強固な山城音羽城を蒲生氏の主城としていた。

中野城が築城された時期は定かではないが、主に三つの説がある。

① 文亀四年（一五〇四）蒲生貞秀が築く。（『仁正寺由緒記』『蒲生古蹟考』信楽院『古記録』）

この時期に一般的だった山城である音羽城から平城の中野城に移るのは、他の城郭の変遷と比べると早すぎると思われる。また文亀三年（一五〇三）細川政元の命を受けた赤《あか》沢《ざわ》朝経《ともつね》が、六角高頼の籠城する音羽城を攻め、この時音羽城主だった蒲生貞秀が高頼を助けたという。その翌年に中野城に城を移すというのは無理があると思われ、城というよりも居館程度の建物があったのではないだろうか。

② 大永四年（一五二四）蒲生定秀が築く。（『近江蒲生郡志』）

この説は文亀三年の赤沢朝経による音羽城攻撃の翌年に蒲生氏の主城が中野城に移されるのは不自然だとして、①の説を退けている。その上で大永二〜三年に蒲生高郷が蒲生秀紀の籠もる音羽城を攻撃した時、高郷と秀紀の和睦の条件として音羽城破却を決め、中野城が築かれたとするものである。しかし、秀紀は八か月に及ぶ六角定頼との籠城戦の末降参して音羽城を明け渡したが、この長期間に及ぶ籠城が可能な堅固な城であることを証明した音羽城を破城して、その翌年に中野城に移るとは考えにくい。

③　天文年間（一五三二～五五）蒲生定秀が築く。（馬見岡綿向神社《うまみおかわたむき》文書『万治二年九月綿向大明神縁起』）

「天文年中に蒲生殿が中野城を建立した」という記述によるものである。中野城の土塁と堀は現在一部しか残っていないが、平城の中野城に強固な防御施設を築くために土塁と堀を築いたと考えられ、大量の人夫が動員されて相当な年月を要したと思われる。『近江日野町志』が記述しているように、文亀四年に一時的な砦を築き、天文年間に城下町の建設を伴う築城がなされたというのが妥当ではないだろうか。

中野城の規模は東西八町（約八七〇メートル）・南北六町（約六四〇メートル）、幅五間（約九メートル）・深さ一丈（約三メートル）の惣堀で囲まれ、幅五間・高さ一丈の土塁を備えた大きな防御施設だったといえる。江戸期の仁正寺藩主市橋氏の時代、稲荷神社や涼橋《りょうきょう》神社を建立するために削平された可能性があり、蒲生時代の中野城の土塁はもっと高かったようである。空堀も長年の間に土が埋まり消滅している堀もあるが、北辺の堀跡は残る。

元和六年（一六二〇）に市橋氏が入り、中野城の北東側に陣屋を構えたため、中野城から陣屋へ通じる間に土橋が作られたり、稲荷神社と涼橋神社の間を掘削して切通しを作り、丸石で石積みがされたので、蒲生時代の中野城の姿が大きく変化した。

日野川の流路も付け替えられている。中野城のある高台は、日野川の川筋が最も大きく屈曲したところで、この地形を城の防御施設として適しているとの判断から、蒲生氏は山城の音羽城を破城して平城の中野城に本城を移転したと筆者は考える。ただ洪水時には激しい流れがぶつかったことが想像され、将来にわたり浸食の恐れがあるので、川が付け替えれたことは十分考えられる。しかし『近江日野町志』や『近江日野の歴史』では、日野川が付け替えられたのは天文年間（一五三二〜五五）の中野城築城に伴うものとしているが、それでは日野川の自然地形を中野城の縄張りに活かすという移転の理由と相反するのではないだろうか。当時の日野川の付け替えについての具体的な様子が分かる資料は残されていないので、想像の域を脱しないが筆者は日野川が付け替えられたのは、氏郷が松ケ島城主として南伊勢十二万石を拝領して日野を去った後の時代ではないかと考える。

城下町に目を向けると、近世城下町の特徴とされる外郭線の惣堀があり、西側は瀧之宮神社に流れる小川、南側は日野川流路、東側は興敬寺東側の土塁付近、北側は栄町会議所から法雲寺前を経て大日町会議所がある辻までを結ぶ道を、惣堀と土塁によって城下町を

中野城址　縄張図

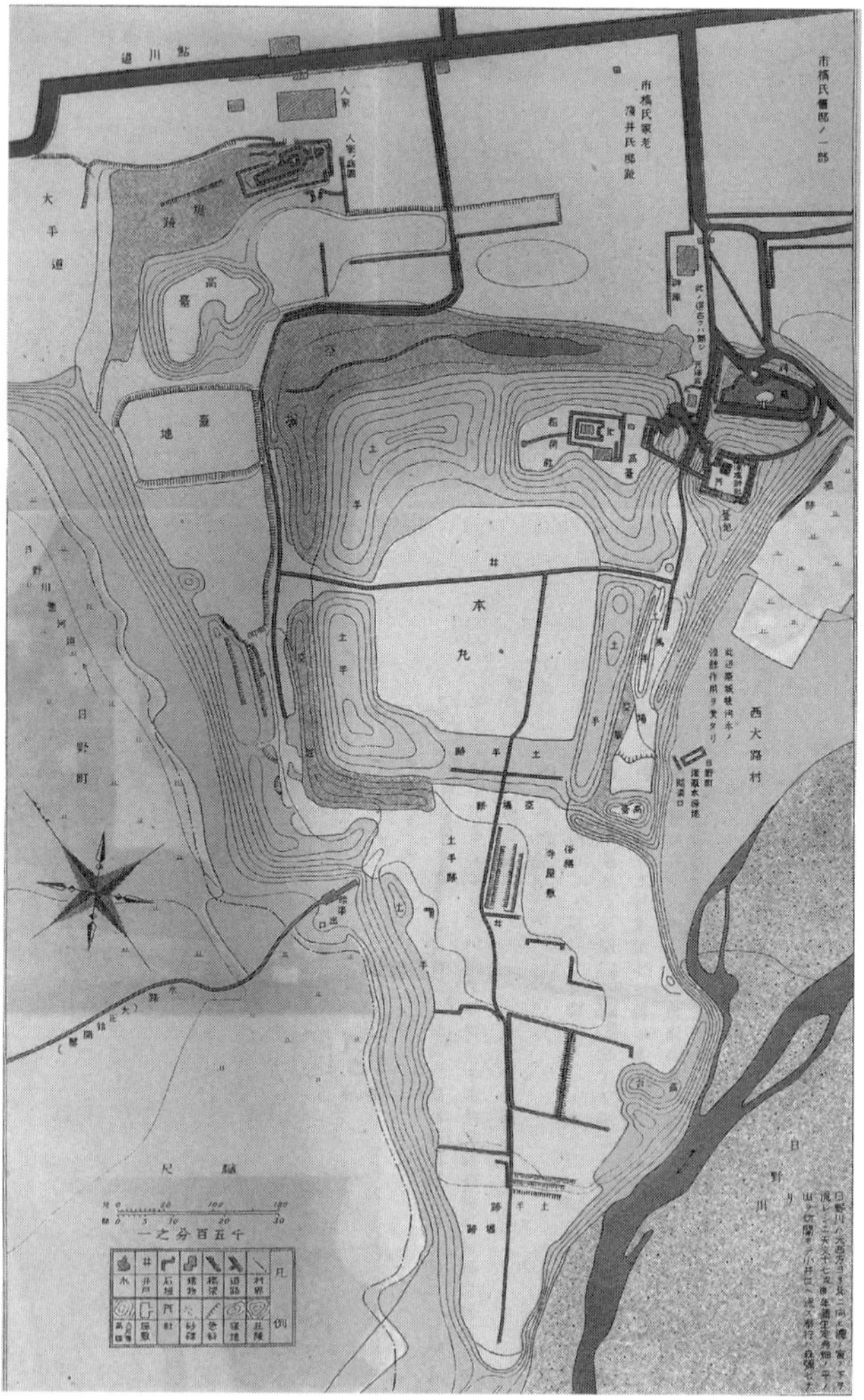

（近江蒲生郡志より）

囲んでいた。このような城下町の原型は蒲生氏の時代に作られたのだろうが、完成したのは市橋氏の時代だったのではないかと思われる。

中野城と本能寺の変

中野城が日本戦国史の中で、表舞台に登場するのは天正十年（一五八二）六月二日未明に起きた本能寺の変で、当時安土城二の丸留守居役を務めていた氏郷の父賢秀が中野城にいた氏郷を呼び寄せ、安土城から中野城まで信長の正室・側室・子ども・上臈・侍女などを避難させた時である。当時賢秀は木村高重とともに、明智光秀謀反により信長死去という急変時の対応判断を行っているので、おそらく二十名以上いた留守居役の中でも中心的な役割を果たしていたと思われる。

六月二日未明に起こった本能寺の変は、たちまち安土城にその知らせが届き、夜になると安土城に詰めていた山崎秀家が自宅を焼き払い、安土から山崎（彦根市）の居城へ退去したので、安土城は大騒ぎになった。信長の有力家臣である柴田勝家や羽柴秀吉は遠方で戦中にあり、京都と安土の距離を考えれば、すぐに安土城は光秀に占領されると考えるのが当然だった。若狭の武田元明が丹羽長秀の佐和山城を攻めて、落城後山崎秀家が光秀方について入城、秀吉の長浜城も湖北の国衆阿閉貞大《あつじさだひろ》が光秀方について入城するなど、近江の大半は光秀方となった。光秀に対抗したのは蒲生賢秀・氏郷父子と勢田（瀬田）の橋を焼き落として光秀の安土への侵入を妨害した勢田城主山岡景隆《かげたか》・景佐《かげすけ》兄弟だけだった。

賢秀は安土城内が大騒ぎとなる中でも冷静に判断し、信長の妻子や上臈たちをひとまず日野まで退却させようと相談をまとめた。『信長公記』には、「氏郷を日野から腰越まで迎えにこさせ、牛馬・人足なども日野から呼び寄せた」と書かれている。安土の腰越は北と南があるが、日野からだと南腰越（現在の旧安土町役場と安土図書館の間にある峠道）あたりまで氏郷は迎えに来たと思われる。『信長公記』にはさらに「六月三日未の刻（午後二時前後）婦人たちに御退去なさいと言った。婦人たちはどうしても安土を捨ててお立ち退きなさるのなら、天主閣にある金銀・太刀・刀を持ち出し、城に火をかけてお立ち退きなさいと言った。けれども蒲生賢秀はたぐい稀な無欲の人だった。信長公が年来お心を尽くして、金銀をちりばめた天下に二つとないお城を造ったのを、蒲生の一存で焼き払い、むなしく焦土としてしまうのは畏れ多いことだ。その上、金銀や名物の道具類を勝手に持ち出しては、世間のあざけりの種にもなろうと考えた。安土の城を木村高重に預けておいて、婦人たちそれぞれに警固の兵を付け、退去して行った」と書かれている。

『氏郷記』にも同様に賢秀が信長の妻子らを日野へ退却させたと書かれており、この時氏郷が用意した乗物五十丁・鞍置馬百匹・伝馬二百匹を召し連れ、三日卯の刻（午前六時前後）に退却したとなっている。この時氏郷は五百騎を率いて安土に向かい、中野城には小倉豊前守・外池周防守など千五百騎が立て籠もったと『氏郷記』・『蒲生軍記』には書かれている。また『氏郷記』には「光秀は使を以って申すには、今度光秀に同心すれば、近江半国を扶助せんといい送ってきたけれども、蒲生父子同心せられず。多賀豊後守布施忠兵衛も再三諫めたが、賢秀氏郷共に両人を寄せ付けず、対面にも及ばず」と書かれている。この時氏郷を追って攻めたのは、光秀の重臣で女婿ともいわれる明智弥平次（秀満）で、氏郷はこれを振り払いながら中野城に信長の妻子たちを連れて無事帰還した。

この時、信長の二男北畠信雄も伊勢国から兵を引き連れて土山（甲賀市）まで出陣し、氏郷は養子二歳（氏郷の娘せき姫か）を信雄に人質に差し出して加勢を頼んだが、信雄は背後の伊賀衆が蜂起したため動けず、その内に秀吉が中国攻めから戻り、光秀を攻めに向かっているとの情報が入り、明智軍は引き揚げた。

氏郷がこの時安土の南腰越峠から中野城まで、信長の妻子らを避難させたルートを想定すると、東山道（後の中山道）西生来《にしょうらい》まで来て、馬淵・岩倉方面に出て桜川東から御代参街道を通って中野城に到達したと考えられる。御代参街道はかつて北国街道安土越ともいわれ、信長の安土城築城時に、甲賀・伊勢方面からの人夫が通行しやすいように、甲賀郡と蒲生郡の郡境にある笹尾峠を整備したとされる。この時代、籠や伝馬が通行しやすい道としては御代参街道しかないと思われ、この道を通って中野城へ氏郷が避難させた中に、あるいは信長の正室濃姫（帰蝶）がいたかもしれない。記録はないが、中野城で濃姫（帰蝶）と氏郷の妻冬姫が対面した可能性も考えられる。

安土城に入った光秀は、信長の金銀・宝物を部下に分け与え、家臣の歓心を買おうとしたが、十日も経たないうちに命を落とし、氏郷はその後秀吉の信頼を得て、九十二万石の会津城主まで上り詰めるのである。

氏郷人質時代の城

岐阜城（岐阜県岐阜市）

築城時期●大永五年（一五二五）　**築城者**●不明（通説では二階堂行政）　**城の分類**●山城

岐阜城がいつ頃から成立したのかは不明だが、金華山に城が築かれたのは大永五年（一五二五）頃だといわれる。天文八年（一五三九）頃、斎藤道三が稲葉城に拠点を築いて麓の城下町を整備、天文二十一年（一五五二）には美濃の守護土岐頼芸《ときよりのり》を追放し、下克上を果たして美濃の実権を握る。天文二十三年（一五五四）に家督を息子の義龍《よしたつ》に譲るが、永禄四年（一五六一）義龍病死、龍興《たつおき》が跡を継ぐ。永禄十年（一五六七）信長が斎藤龍興を破り、本拠地をここに移し町の名をそれまでの「井の口」から「岐阜」に改め、岐阜城を拠点に天下統一に乗り出す。永禄十一年（一五六八）信長は足利義昭を奉じて、上洛の途上近江国観音寺城を接収し、蒲生賢秀は信長に従軍することになり、氏郷を人質に出す。

信長の近江攻撃の様子を『信長公記』は「永禄十一年九月七日信長は足利義昭に別れの挨拶をし、近江を一気に征伐しましてお迎えを差し上げましょうと言った。九月八日近江の高宮に着陣。十一日愛智川（愛知川）付近に野営。信長は馬で駆け廻って情況を見、近辺数ケ所の敵城へは兵を出さず、六角義賢《ろっかくよしかた》父子三人が立て籠もる観音寺山および箕作山《みつくりやま》へ攻め上ることにした。十二日、佐久間信盛・木下藤吉郎・丹羽長秀・浅井政澄に命じて箕作山の城を攻めさせた。申の刻（午後四時前後）に攻撃を開始、夜に入って陥落させた。その夜信長は箕作山に陣を据え、翌日六角義賢の居城観音寺山へ攻め上る計画だったが、六角父子三人はすでに逃亡していた」と書かれている。

『氏郷記』には「永禄十一年九月十二日、和田山の城の押えには西美濃三人衆と聞こえし氏家常陸入道卜生、安藤伊賀の守、稲葉伊予入道一徹を差向けられ、観音寺の城の押えには先手柴田修理亮勝家、池田勝三郎伸輝、森三左衛門尉、坂井右近将監等を差向けらる。かくて箕作の城の攻衆には佐久間右衛門尉信盛、木下藤吉郎秀吉、丹羽五郎左衛門尉長秀、浅井新八等閧を作りかけ、揉みに揉んで攻めしかば、耐えうるとも見えざりけり。蒲生左兵衛大夫賢秀は、観音寺に候いけるが進み出でて、義賢へ申されけるは、賢秀に勢をつけさせ給へ。当城の押えを切崩し、箕作の城へ力を合わせ候わんと申されければ、義賢我に任せて置かれよとこの儀に随われず。さあらば賢秀、我館に立て籠もりて、信長の人数を引受け、最後の合戦仕り、手勢引分け観音寺を退き、我居城日野にぞ立て籠もりける。案の如く箕作の城攻め落しければ、和田山城も開け退く。義賢義弼馴れて久しき観音寺の城を開け退きて、三雲をさして落ちられける。哀れなりし事共なり」とある。また、賢秀の妹は神戸《かんべ》具盛《とももり》の妻であり、神戸の仲介により信長に臣従するようになる。この時十三歳の子息鶴千代(氏郷)を人質として信長に差し出した。鶴千代には町野左近が乳人として岐阜城に付き従った。岐阜で元服して、信長弾正忠《だんじょうのちゅう》の忠字を給わり、蒲生忠三《ちゅうさぶ》郎賦秀《ろうやすひで》となった。

では氏郷が信長の人質となって行った岐阜城とはどんな城だったのかというと、現在模擬天守が建っている山頂の城塞と、山麓の信長の居館からなっていた。ポルトガルの宣教師ルイス・フロイスの訪問記録『日本史』によると、「私たちは岐阜の市《まち》に至りましたが、人々が語るところによれば八千ないし一万の人口とのことでした」とあり、この当時すでに信長は岐阜に賑わいのある城下町を築いていた。またフロイスは信長の居館について「宮殿は非常に高いある山の麓にあり、その頂に彼の主城があります。驚くべき大きさの加工されない石の壁がそれを取り囲んでいます。第一の内庭には、劇とか公の祝祭を催すための素晴らしい材木でできた劇場ふうの建物があり、その両側には二本の大きい影を投ずる果樹があります」と書かれている。信長の居館の内部も「素晴らしく美しい部屋があり、絵画と塗金した屏風で飾られた約二十の部屋があり、二階は婦人部屋、三階は茶室が付いた廊下があり、三四階の前廊からは全市を展望できる」と書かれている。

山頂部分については「山に登って上の城に登ると入口の最初の三つの広間には、約百名以上の若い貴人がいたでありましょうか、彼らは各国の最高の貴人たちの息子らで十二ないし十七歳であり、下へ使命を届けたりもたらしたりして信長に奉仕していました」とある。これが信長の人質たちが住んでいたところだと思われ、氏郷もこの中にいたのだろう。フロイスが書いている「入口の最初の三つの広間」というのは、伝下台所跡のあたりだと想定される。

岐阜城は昭和五十九年（一九八四）十一月、岐阜公園を再整備するのに先立ち、発掘調査が着手されている。発掘区域は、金華山西面の谷が平地に出る先端部、千畳敷と呼ばれる部分である。その後平成二十八年以降にも信長居館跡の発掘調査が行われ、信長入城後行われた造成工事中に計画変更、敷地の拡張があったことが判明した。永禄十二年（一五六九）、フロイスが岐阜城に来訪した時には拡張後の建物、庭園等はほぼ完成したことも分かった。さらに金箔瓦の出土範囲から、金箔瓦建物の位置が方形の池の上部であることも特定できた。金華山は全山がチャートという石材でできており、信長居館はチャートの岩盤を背景にして弧を描く石垣や池を配した巨大な庭園で、見せるためという要素が存分に含まれていた。

また山上部分についても、平成三十一年（二〇一九）の発掘調査で、裏門だった水手道と鼻高ハイキングコースの分岐点において、信長期の巨石列や石垣、道三期の石垣が確認されている。一ノ門・二ノ門だけでなく、裏門にも巨石列による虎口を造っていることが分かる。山上の城は道三時代の石垣を利用して信長が改修することで、より強固で見せる要素も加えたことがうかがえる。

天守については信長時代に存在したかは不明で、天守台石垣も令和元年(二〇一九)信長時代の石垣が発見されているが、近代に積み直したもので、模擬天守といえる。岐阜城天守は明治四十三年(一九一〇)、木造トタン葺三層三階で造られたが、昭和十八年(一九四三)戦時中に失火により焼失、昭和三十一年(一九五六)に現在の天守

岐阜城信長時代の石垣

が建てられた。信長は天正四年（一五七六）安土城へ移り、嫡男信忠が跡を継ぐが、天正十年（一五八二）本能寺の変で信忠も自刃、その後三男信孝が入城するも翌天正十一年（一五八三）秀吉に攻められて開城。その後池田元助・輝政、羽柴秀勝（秀吉の養子）、織田秀信（信長の孫・三法師）が城主となるが、秀信が関ヶ原合戦で西軍についたため落城して、廃城となる。天守・櫓・石垣などは加納城（岐阜市）へ移された。

第二章

氏郷が信長時代に出陣した城

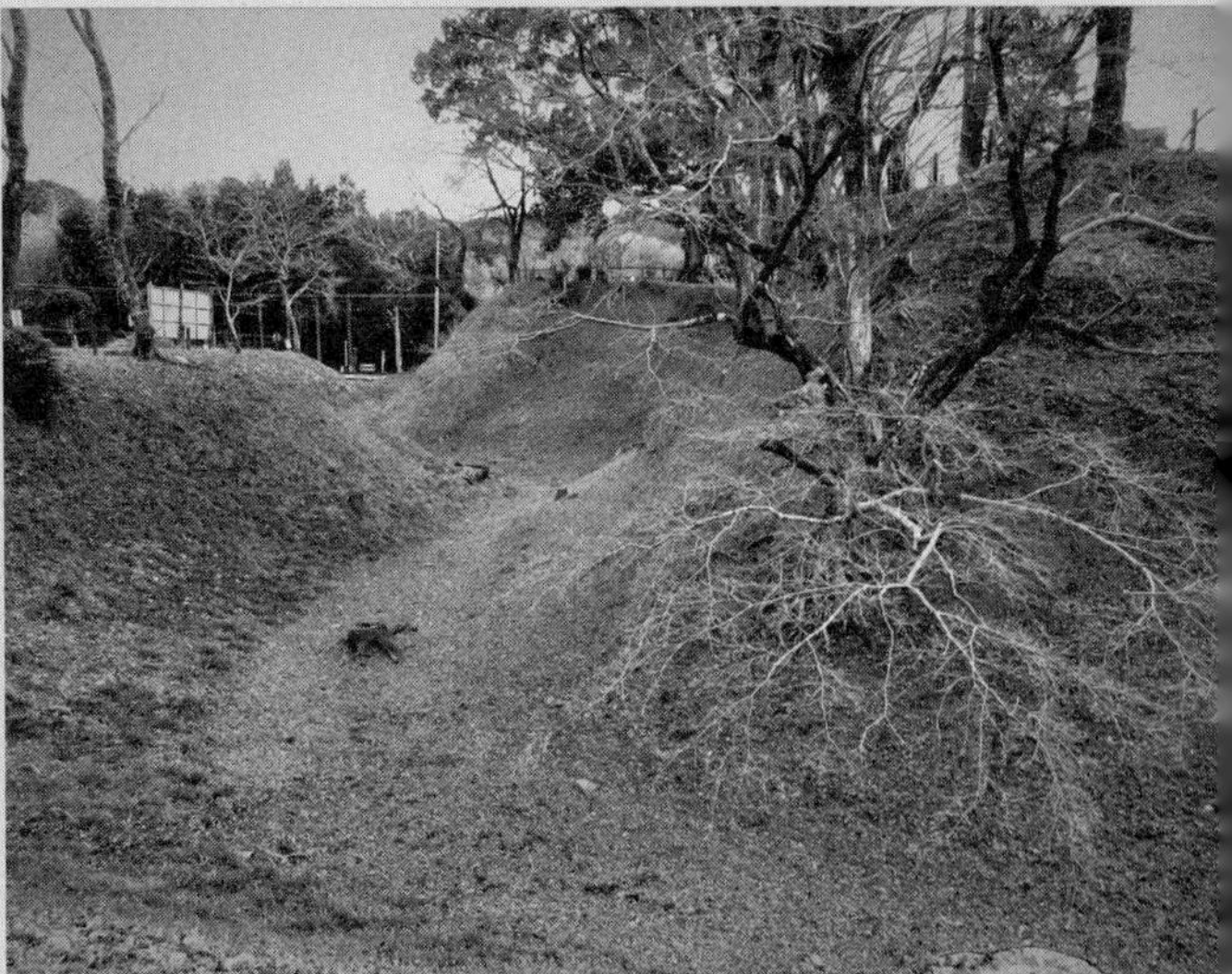

長篠城本丸内堀跡

氏郷が信長時代に出陣した城

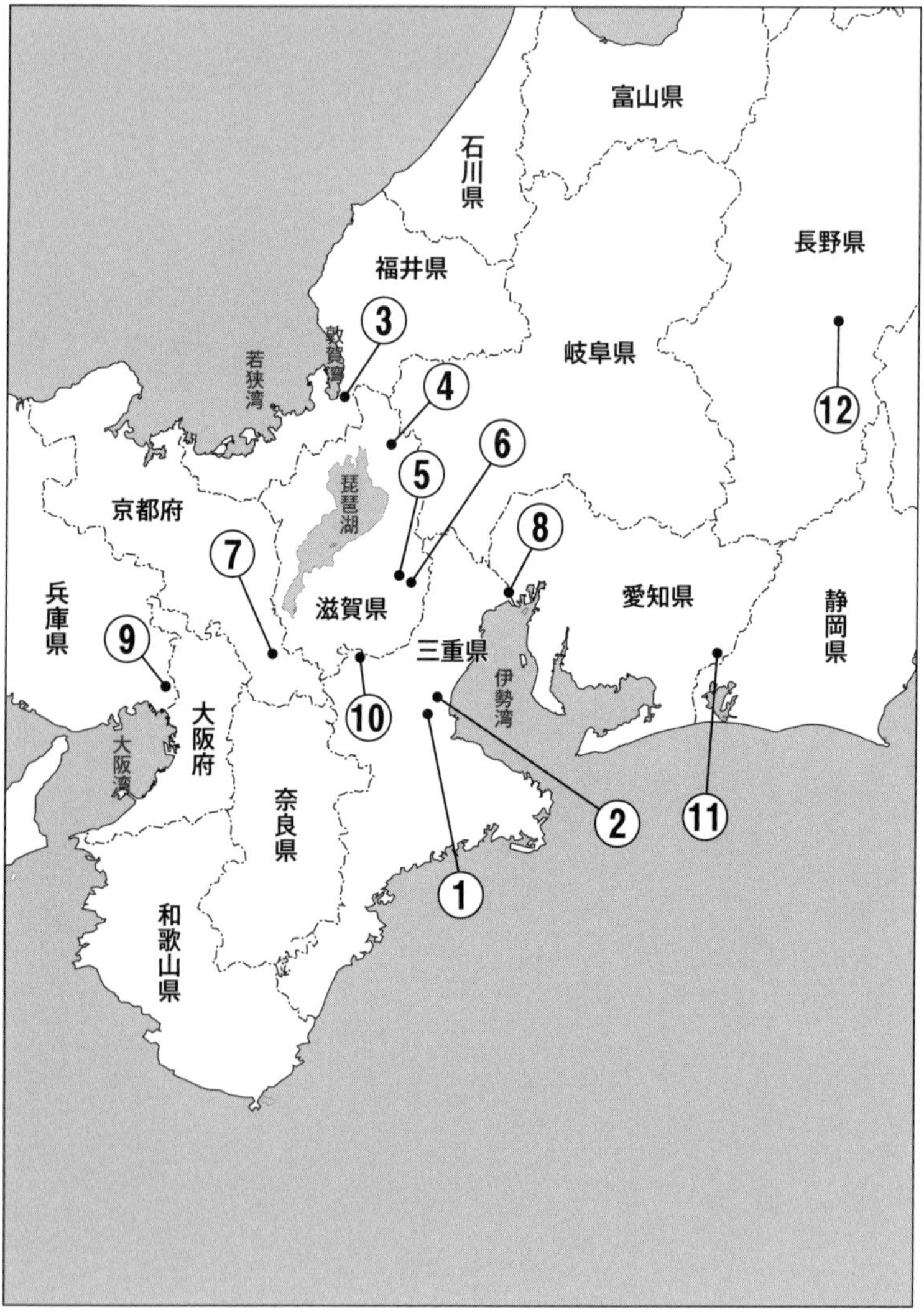

① 大河内城

三重県松阪市大河内町

永禄12年織田信長が南伊勢を侵攻、この時氏郷が初陣として出陣した城。三方を川で囲まれ、一方は谷間の沼田が囲む要害の地に曲輪を設け、50日に及ぶ籠城戦を持ちこたえた堅城である。

② 今徳城

三重県津市安濃町

永禄11年奥山常陸介が城主のとき、織田信包に攻められたが、北畠氏の加勢により守った。永禄12年、信長の大河内城攻めでは、支城である今徳城で氏郷が敵の首を取ったと伝えられる。丘陵地に土塁と空堀の遺構が残る。

③ 手筒山城

福井県敦賀市天筒町

元亀元年信長の越前朝倉攻めに氏郷も出陣。手筒山城を攻め落とし、尾根続きの金ケ崎城も攻めて越前へ侵攻する時、浅井長政が信長に背いたので退却した。堀切や切岸の遺構が残る中世の山城で、山頂から敦賀湾が見渡せる。

④ 小谷城大嶽

滋賀県長浜市湖北町伊部

小谷山の尾根に本丸・京極丸などの曲輪を連ねた連郭式城郭。石垣や大堀切の遺構も残る戦国時代屈指の堅城。氏郷は小谷山の最高所で標高495メートルの大嶽を攻撃し城を陥落させると、さらに刀根山へ朝倉軍を追撃。浅井・朝倉とも滅亡する。

⑤ 鯰江城

滋賀県東近江市鯰江町

愛知川河岸段丘の天然要害を利用して築かれた城館を、この地域を支配した六角義賢が大改修して築城する。観音寺城が落城した後も六角氏は信長に反攻し、信長の六角攻めに氏郷も出陣する。発掘調査で堀や土塁、石組溝などが確認された。

⑥ 百済寺城

滋賀県東近江市百済寺町

百済寺は天台宗の古刹だが、元亀から天正にかけて近江では寺院の武装化がさかんになった。百済寺も六角氏と結びつきを強め、信長に対抗した。境内地には削平された平坦地が多数あり、石積み土塁や溝跡が残る城塞寺院である。

⑦ 槇島城

京都府宇治市槇島町

琵琶湖から流れ出る瀬田川が宇治川と名前を変える大河の中州にあった城。元亀四年足利義昭が信長に反攻し、家臣真木島氏の居城に逃げ込んだ。氏郷も川を渡って攻め、信長から褒美の品を受け取る。この敗戦で足利幕府は滅亡する。

⑧ 松之木渡城・大鳥居城

三重県桑名市長島町

長良川・木曽川・揖斐川が合流する輪中地帯の長島は、長島一向宗が信長と三度にわたって戦ったところ。松之木渡城は中州に、大鳥居城は揖斐川右岸にあり、氏郷も川を渡り出陣した。現在は河川改修工事により両城とも川底に沈んでしまった。

⑨　有岡城

兵庫県伊丹市伊丹

在地土豪伊丹氏が猪名川西岸に築いた城で、永禄11年、信長が京都に入った時に摂津まで侵攻し、その後荒木村重を城主とした。村重は信長に謀反を企て、信長は村重を攻め氏郷も従軍した。JR伊丹駅前にあり、石垣や堀跡も発掘されている。

⑩　壬生野城

三重県伊賀市川東

伊賀地域は北畠家に信長の二男信雄が入り統治したが、何度も反攻した。単郭方形の城館が濃密に分布する攻めにくいところで、信長も苦戦した。天正９年氏郷も出陣してようやく伊賀を制圧。約50メートル四方の周囲を土塁で囲まれた主郭跡が残る。

⑪　長篠城

愛知県新城市長篠

川に囲まれ断崖が城壁となる天然の要害地に築かれ、武田と徳川の間で争奪戦があった。天正３年武田勝頼が攻め織田・徳川軍が援軍に入り、織田鉄砲隊が威力を発揮した。城には当時の土塁が残り、氏郷が陣を置いた長篠古戦場図も残る。

⑫　高遠城

長野県伊那市高遠町

長篠合戦で大敗した武田勝頼を信長が攻めた。高遠城は二つの川の段丘上にあり、武田流の縄張で築かれた堅城だったが、家臣の裏切りで城は１日で落城、名門武田家は滅亡する。氏郷は信長に付き従い、上諏訪の法花寺に陣を構えた。

氏郷初陣の城

大河内城《おかわち》（三重県松阪市）

築城時期●応永年間（一三九四～一四二七）　**築城者**●北畠満雅《きたばたけみつまさ》　**城の分類**●平山城

今徳城《こんどく》（三重県津市安濃町）

築城時期●応永年間（一三九四～一四二七）　**築城者**●奥山太夫貞兼（北畠氏の家臣）　**城の分類**●平山城

大河内城は南北朝時代、南朝方だった伊勢国司北畠満雅が応永年間の初め（千四百年代）に築城した城で、弟顕雅《あきまさ》が城主として入城して以後、代々この城を拠点として大河内御所と称した。永禄十二年（一五六九）八月、信長は伊勢方面に出馬、伊勢国司北畠具教《とものり》が立て籠もる大河内城を攻めた。『信長公記』には「信長は情況を見渡して東の山に陣を据えた。その夜、まず城下の町を破壊して焼き払った。二十八日、城の周囲を駆け回って地勢を見、南の山には織田信包・滝川一益・蒲生賢秀らを配備した」と書かれている。父賢秀が出陣し氏郷の名はないが、まだ元服したばかりの少年なので『信長公記』に名前が出てこないのは当然であり、氏郷も賢秀の側についてこの戦いに参戦したと考えられ、この戦いが氏郷の初陣といわれている。

大河内城は東の阪内川《さかないがわ》と西の矢津川が北側で合流し、南は谷間の沼田が囲む要害堅固な山城で、本丸・二の丸・西の丸・御納戸・馬場などの曲輪《くるわ》があり、北側に大手門・南東側に搦手門《からてもん》という縄張りの城である。信長軍は搦手から夜討ちをかけてマムシ谷と呼ばれる谷の方に回って攻め込んだといわれている。しかし、この城は堅城で簡単には攻め落とすことができず、信長軍は苦戦した。『信長公記』にも「九月八日、稲葉一鉄・池田恒興・丹羽長秀の三人に西の搦手から夜攻めをせよと命じた。命を受けて、夜に入ってから三隊に分かれて攻め掛かった。軍勢を出した時、雨が降りだして味方の鉄砲は役に立たなかった」と書かれている。お馬廻りなど有力武将が数多く討ち死にしている。

城の入口にある松阪市大河内地区市民センターが出している案内書には「信長軍は総攻撃を加え、カラメ手から夜討ちしマムシ谷から攻めたが、皆々織田軍は敗戦した」と書かれている。北畠軍は五十日以上の籠城戦の末、兵糧が尽きたこともあり、伊勢国司北畠の養子として信長の二男信雄を迎えることで和議が成立し、具教が城を開け渡したことで北畠の実権が織田に移ることになる。信長は最初から武力で大河内城を落城させることは難しいと考えていたようで、『信長公記』にも「九月九日、滝川一益に命じて多芸《たげ》の谷にある国司の館をはじめとして、周辺ことごとくを焼き払い、稲作を薙ぎ払って捨てさせた」と書かれており、兵糧攻めで攻略する作戦で、息子の信雄を北畠に入れるのも予定通りだったのだろう。『氏郷記』には(八月)二十八日に攻め入り、二十九日の暁から鉄砲で攻撃し、すぐに信長が二男信雄を養子にすることで和睦したと書かれているが、地元に伝わる話なども勘案すると信長はそれほど簡単に攻め落とせず、『信長公記』の記述の方が正しいのではないかと思われる。

ただ『氏郷記』では「その間に今徳山の敵城も織田掃部助・蒲生賢秀ら一万余騎が押し寄せ、賢秀の息子忠三郎賦秀をも連れられけり。賦秀生年十四歳、軍始めの事なれば、賢秀殊に労わりて結解《けっけ》十郎兵衛・種村伝左衛門という剛の者を付けられけり。左兵衛丈夫は、士卒を下知して駆け廻られしに、氏郷見えさせ給わずという声を聞き、賢秀驚きて汝等を付け置きしは何の為ぞや。討たれてやあらん。如何せんとて悶ひられけるに、氏郷早や首を取って出でられたり。賢秀これを見てよりも嬉しさの余りに感涙を催し、鎧の袖を濡らされしは、理とこそ覚えけり。その首やがて信長卿の見参に備へければ、信長卿感じ給ひて、自ら打鮑取って給はりけり」と書かれている。氏郷初陣の武勇伝として伝わる話で、この話の信憑性はともかくとしても、氏郷は初陣の時から功名を現したことは確かだろう。

今徳城は応永年間（一三九四〜一四二七）、北畠氏の家臣奥山太夫貞兼が築城、永禄十一年（一五六八）奥山常陸介が城主の時、織田信包に攻められたが、北畠氏の加勢により守り抜いた。永禄十二年再び織田軍に攻められ、織田信雄が北畠氏の養子となったため、常陸介も織田氏に属した。奥山氏の菩提寺南光寺の境内地に自然石に「今徳城址」と刻まれた石碑があり、木に覆われた台地上の城跡の中に入ると土塁と空堀、外周にも堀跡と思われる形状が残っている。

また『氏郷記』には、この氏郷初陣の後「同年（永禄十二年）冬の頃、蒲生忠三郎氏郷は信長兼て御婿に契約し給ひければ生年十二にならせ給ふ姫君を給はり、岐阜にて御祝言ありて、日野の城へぞ遣はされける。姫君の御乳人には加藤次兵衛を相副へられけり。目出たかりける事どもなり」と書かれている。信長は氏郷の人質としての姿を見て、その素養を認めていたのだろうが、この初陣の働きで自分の娘を娶らせるに相応しい男だと思ったのだろう。姫の名前は書かれていないが、この年の冬に氏郷の妻「冬姫」が誕生する。

大河内城跡概要図

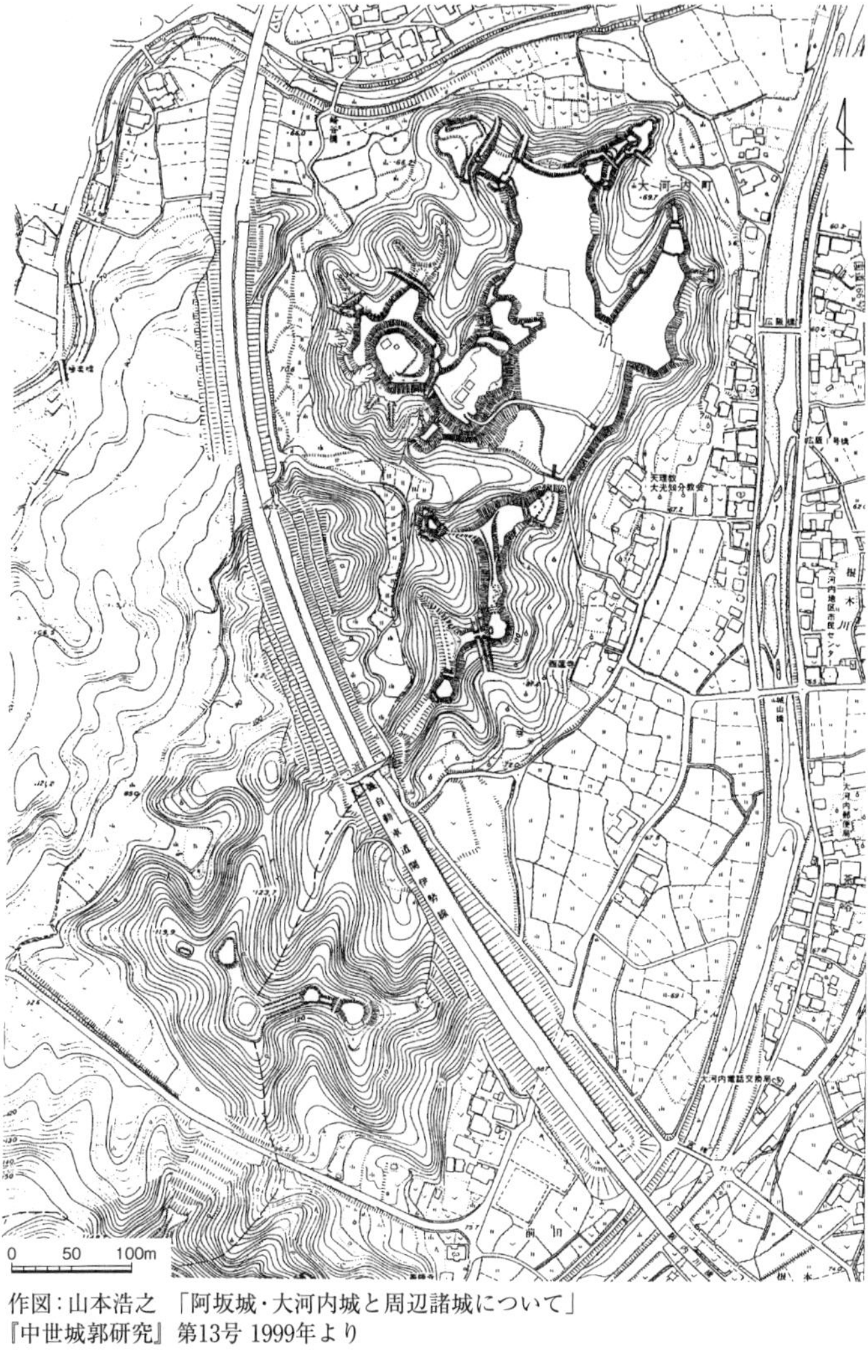

作図：山本浩之　「阿坂城・大河内城と周辺諸城について」
『中世城郭研究』第13号 1999年より

浅井・朝倉攻め

手筒山城《てづつやま》（福井県敦賀市）

築城時期●不明（新田義貞が金ケ崎城に拠った際足利勢が布陣したと伝わる）
築城者●不明　**城の分類**●山城

伊勢を平定した翌年の元亀元年（一五七〇）四月、信長の再三にわたる上洛の勧誘に応じない越前朝倉義景を攻めた。『信長公記』によると、「四月二十日、信長は京都から直接越前へ出陣した。坂本を通過し、その日は和邇に陣を取った。二十一日、高島の田中の城に宿泊。二十二日、若狭能河の松官玄蕃允《げんばのじょう》の館に陣宿。二十三日佐柿の粟屋勝久の城に着陣。翌日は駐留。二十五日、越前の敦賀方面へ軍勢を出した。信長は駆け回って情況を見、ただちに手筒山の城を攻撃した。この城は高山にあり、攻め掛かった東南側は峻険な山容であった。信長は突入せよとしきりに命令した。将兵は城内に突入して、敵の首一三七〇を討ち取った」と書かれている。

また『蒲生軍記』では「四月十日に信長公越国の守護朝倉左衛門佐義景を追伐あるべしとて濃州岐阜城を立て近江路をへて若狭の国へ掛かりたまふ此時蒲生賢秀父子も柴田修理

亮が与力として先鋒たり。柴田手勢六百余、蒲生手勢一千余その外江州の集勢都合五千余とぞ聞へし。鎧着たる武者大長刀を水車に廻して撃て掛るを賢秀十文字の鑓《やり》をひっさげ是を掛倒けるを氏郷その首を取る」とある。日付や行軍の進路が異なり、いかにも軍記物という書き方をしている『蒲生軍記』の信憑性は薄いかもしれないが、この戦で蒲生父子が軍功を挙げたことは確かである。それは信長が元亀元年五月十五日に蒲生賢秀・氏郷両名宛に出した所領目録で、これまでの領地を安堵し、その上に没収した小倉氏の所領を含めた五千五百石余が加増されているからである。一般に蒲生氏日野六万石の所領といわれるが、それまでは五万五千石の領地で、この手筒山城の戦いの戦功により六万石の領地となった。

手筒山城を攻略した信長軍は朝倉景恒が立て籠もる金ケ崎城を攻める。攻め滅ぼす前に敵は降参して退却したという。次いで木目峠を越えて越前中央部へ侵攻する計画だったが、そこへ北近江の浅井長政が背いたという情報が入ってきた。やむをえず信長は金ケ崎城に木下藤吉郎を残して、四月三十日朽木越えで京都に撤収した。五月九日京都を出立、浅井の反逆により近江各地で六角残党の一揆が起こったので、要所に警固の軍勢を残して、信長は帰国の途につくが、浅井長政は鯰江城に軍勢を配備し、市原の一揆勢を扇動して信長の帰路を遮った。そこで信長を助けたのが蒲生賢秀、布施《ふせ》の布施公保《きみやす》、香津畑《こうづはた》の菅《かん》秀政《ひでまさ》である。三人は協力して鈴鹿の山中を抜ける千草越《ちぐさご》えで、信長を帰国させた。このとき、杉谷善住坊が六角義賢に頼まれて千草山中の道筋の岩かげに隠れて鉄砲を構え、信長を二つ玉で狙撃した。玉は二つとも信長の体をかすっただけで、無事岐阜に帰陣することができた。信長の蒲生氏への所領五千五百石加増については、この時の恩賞も含まれているのだろう。

手筒山城は金ケ崎城の南西に延びる尾根続きにあり、南北朝時代に新田義貞が金ケ崎城に拠った際、足利勢が布陣したとされる。中世の山城らしい堀切《ほりきり》や切岸《きりぎし》の遺構が残るが、現在は金ケ崎・手筒山公園として整備され、ハイキングコースにもなっている。主郭跡には展望台が建てられ、金ケ崎城と敦賀湾が見渡せる。

元亀元年は浅井長政の反逆を契機に六角氏が息を吹き返し、「元亀争乱」と呼ばれる近江の諸勢力との争いが起こり、信長最大の危機を迎える。信長は近江の拠点となる城に重臣を配置し、その下に与力を置く体制を敷く。横山城に秀吉、宇佐山城に明智光秀、長光寺城に柴田勝家というように配置され、氏郷は柴田勝家の与力となる。信長は五月二十一日岐阜城に帰陣して体制を立て直した後、六月四日六角父子の一揆勢鎮圧のため野洲川落窪《おちくぼ》合戦、六月十九日浅井長政との姉川の合戦、九月十六日宇佐山城の合戦などの戦が続き、柴田勝家は出陣しているが、『信長公記』『氏郷記』『蒲生軍記』に蒲生父子の名前は出てこない。与力として勝家について出陣した可能性もあるが、ここでは取り上げないことにする。

小谷《おだに》城大嶽《おおづく》（滋賀県長浜市）

築城時期●大永五年（一五二五）頃　**築城者**●浅井亮政　**城の分類**●山城

元亀二年以降も信長と浅井・朝倉との戦いは続く。前年（元亀元年）九月、信長は延暦寺に対して「自分に味方すれば領国内の延暦寺領は返還する。できなくても浅井・朝倉に味方せず中立にするように、もし違背したら山を焼き払う」と伝えたにも関わらず浅井・朝倉に味方したので、元亀二年（一五七一）九月信長は比叡山を焼き討ちにした。元亀三年（一五七二）三月、信長は北近江へ出陣し、木之本・余呉を焼き払った。七月には虎御前山に陣を置き、海津・塩津・余呉の海岸を焼き払い、竹生島に舟を寄せて火矢・鉄砲で攻撃した。

元亀四年（一五七三）七月二十八日、改元が行われ天正元年となると、浅井・朝倉を攻める絶好のチャンスが訪れる。八月八日、北近江の阿閉貞征《あつじさだゆき》が織田方の味方につく旨の意志を示したので、その夜信長は出馬した。八月十日、信長は大嶽の北の山田山に全軍を陣取らせ、小谷から越前への道を遮断し、朝倉義景の援軍二万の小谷城への入城を阻止し、余呉や木之本に足止めにした。また浅井久政は大嶽の北西側尾根上の焼尾《やけお》というところに砦を築いて、浅見対馬守に守備させていたが、この浅見も織田方に味方した。八月十二日、浅見対馬守の手引きで織田軍を焼尾の砦に引き入れた。十二日の夜はことのほか風雨が強かったが、信長は虎御前山に嫡男信忠を残して、雨に濡れるのもいとわず馬廻り衆を率いて、自ら先駆けして大嶽へ攻め上った。ここには越前から派遣された守備部隊五百人ほどが立て籠もっていたが、信長の前に降参した。信長はこの兵たちの命を助けて敵の本陣へ送り届け、大嶽が陥落したことを朝倉義景に知らせて、義景の本陣へ攻め寄せようとの考えで敵兵を逃がした。信長はこの後丁野《ようの》山に立て籠もる守備部隊も降参して退去させ、今夜必ず朝倉は退散するだろうと言った。

「朝倉義景の本陣を攻める先鋒として発進させた部将は、柴田勝家・羽柴秀吉・丹羽長秀（略）・蒲生賢秀・蒲生氏郷ら歴戦の諸兵」と『信長公記』に書かれており、蒲生父子両名とも名前が出てくる。信長はこれら諸兵に向かって、朝倉を逃がさぬよう充分注意せよと再三にわたって厳命した。信長の予測通り朝倉の軍勢は敗走し始めていた。敵の首を討ち取り追撃すると、敵は中河内《なかのかわち》方面と刀根《とね》方面の二手に分かれて逃走するが、どっちを追うのが良いか議論となり、信長は疋田・敦賀の味方の城をめざして逃げるだろうから、疋田方面へ軍勢を出すように命じた。案の定中河内方面へは雑兵を撤退させ、義景は主だった部将を率いて敦賀をめざして退却した。これを追撃して、すぐさま刀根山の山上で追いついた。敦賀までの十一里の間に追撃して討ち取った敵兵の首の数は三千を超え、信長方の手中に収めた城は十か所で、いずれも敵は退散した。十六日までは敦賀に駐屯し、十七日木目峠を越えて越前中央部へ侵攻した。十八日義景は一乗谷の館から撤退し、大野郡の山田庄というところへ退却した。いよいよ義景は追い詰められ、二十日自刃する。一方小谷城では秀吉が二十七日夜京極丸へ攻め込み、『信長公記』では同じ日に久政が自刃、その翌日に長政が自刃したと書かれているが、八月二十九日の日付で長政が家臣の片桐孫右衛門に宛てた感謝の書状が残っており、実際に長政が自刃したのは九月一日で、久政はその前日に自刃した。ここに浅井・朝倉とも滅亡した。

『氏郷記』では「八月に江州大嶽の城を取り巻き、二の丸三の丸をもみ破り、又越前の凶徒退散するところを刀根山にて相戦ひ追い崩す。この時蒲生忠三郎氏郷、家中の面々、手々に首をぞ取りける」と書かれており、『蒲生軍記』ではさらに「氏郷大の男と組み討ちして首を取り、従う岡宗左衛門も首を取りけり」とやや誇張して書かれている。いずれにしても、元亀元年に浅井の裏切りでピンチに陥った信長の岐阜城への退路を確保し、天正元年には浅井・朝倉攻めに戦功を挙げたことは確かで、信長の氏郷に対する信頼感はますます大きくなっていったことは間違いないだろう。

小谷城は浅井亮政・久政・長政三代の居城で、築城時期は諸説あるが、大永五年（一五二五）浅井亮政が主家の京極高清・高延父子を小谷城京極丸に迎えた頃と考えられる。小谷山の尾根に主郭があり、本丸・中の丸・京極丸・小丸・山王丸などの曲輪を連ねた典型的な中世の連郭式《れんかくしき》山城である。曲輪の名称は後世に付けられたもので、浅井時代に名称通りの役割を果たしていたかは不明だ。本丸は江戸時代の絵図には鐘丸と記されており、ここには合図のための鐘があったと思われる。本丸の北側には本丸と中の丸とを切断する大堀切跡があり、小谷城の防御力の強固さが分かる。京極丸は小谷城で二番目の広さを持ち、浅井氏の主君京極氏の住まいだったといわれている。天正元年の攻撃では、秀吉が夜中に清水谷の水の手道から京極丸の西側、一段下にある虎口《こぐち》から侵入したとされる。さらに小丸を経て北へ行くと、三九五メートルで主郭の連郭中最も高い山王丸があり、東側には大石垣の遺構が残る。本丸の南側には、小谷城の曲輪の中で最も広い大広間跡がある。ここからは発掘調査により、三万三千点にも及ぶ遺物が出ているが、①石に焼石がない、②建物で炭化したものがない、③瓦の破片がないことが特徴で、この城は焼かれず落城後しばらくの間、秀吉がそのまま使ったことが分かる。秀吉はその後城下町ごと長浜へ城を移すことになる。

氏郷が攻め上ったと思われる大嶽は小谷山の最高所で標高四九五メートル、初代城主浅井亮政が最初に築いた城とされ、その後主郭の方に移された。その後朝倉氏の最新の築城技術で強固な守りに改造し、北側には二重の堀切が見える。通常の攻撃ではとても攻め落とせない堅城だが、阿閉貞征の寝返りと浅見対馬守の手引きで、織田軍が容易に焼尾砦に侵入できたことで落城に追い込まれた。

小谷城は平成二十八年(二〇一六)から三十年(二〇一八)にかけて確認調査が行われ、土塁の検出や石組溝・柱穴・根石・土坑などが確認されており、山麓の清水谷の笹井氏や家臣団の屋敷跡について、当時の姿を明らかにしようとする調査が進められている。また航空レーザー測量という手法を使って作製された「赤色立体図」を用いることで、より正確な形状が分かり新たな発見も生まれている。今後このような調査が進められることで、氏郷が攻めた小谷城の姿がより明確になることが期待される。

信長に反攻する旧勢力六角・足利を攻める

鯰江《なまずえ》城（滋賀県東近江市）

築城時期●永禄九年（一五六六）　**築城者**●六角義賢　**城の分類**●平城

浅井・朝倉を滅ぼした同じ年、天正に改元される前の元亀四年四月、信長は鯰江城に立て籠もる六角義賢の子義治を攻めた。四月七日信長は京都から引き揚げ、近江の守山に陣を取った。『信長公記』には「守山から直接百済寺に進軍して二、三日駐留した。鯰江の城に六角義賢の子義治が立て籠もっていた。これを攻める軍勢として、佐久間信盛・蒲生賢秀・丹羽長秀・柴田勝家を命じ四方から包囲して対峙させた。近頃百済寺は鯰江の城を支援し、一揆勢にも協力しているとのこと。これを信長は聞き及び、四月十一日百済寺を焼き打ちした。堂塔・伽藍《がらん》・坊舎・仏閣ことごとく灰燼《かいじん》に帰した。哀れな有様は目も当てられなかった。この日信長は岐阜に帰還し、馬を収めた」と書かれており、賢秀のもとに氏郷もいたと考えられる。『氏郷記』『蒲生軍記』も同じように蒲生賢秀ら四人が鯰江城を四方から包囲して攻めたと書かれている。

鯰江城のある近江湖東地域は、守護である六角氏が支配し、在地土豪層も家臣団に編成される。小倉氏出自の青山氏・鯰江氏・森氏などが、愛知川河岸段丘の天然要害を利用して城館を築いた。鯰江郷は森氏が居館を構えていたが、永禄九年（一五六六）六角義賢の命令で鯰江満介が大改修を行い、鯰江城が築城された。岐阜城の項で述べたように、永禄十一年（一五六八）九月、信長の侵攻により観音寺城落城、六角氏は甲賀の三雲に落ち延びた。六角氏は従来から百済寺と密接な関係を持ち、数多くの僧兵をかかえる百済寺は信長にとって軍事的脅威だった。『信長公記』にもあったように、百済寺が一揆勢に協力しているのを信長が知ることになり、鯰江城の攻撃と百済寺の焼き打ちにおよび、再び六角氏は逃亡しここに終焉を迎えることになる。

鯰江城は対信長の陣を構えた近江を代表する中世城郭であり、愛東町教育委員会が何度も発掘調査を行っている。昭和六十二年（一九八七）度発掘調査では、城域の西側で郭内の生活排水路の役目を果たし、土塁の下を通して濠へ排出する暗渠《あんきょ》排水路と考えられる石組溝が発見された。また深さ二～三メートルの堀と高さ二～三メートルの土塁の高低差から鯰江城の防御体制の強固さがうかがえ、石組の炉・井戸・建物跡・方形土拡群なども確認されている。次に平成五年（一九九三）五月から九月にかけて、個人住宅建築に伴う発掘調査では、昭和初期の古地図にある城域東側に位置する鋭角的に曲がる土塁を検出し、古地図の正確さを立証することとなった。また前回昭和六十二年度発掘調査で検討された鯰江城の改築の有無が、今回検出された遺構に時期的なズレがあることが判明した。また鋭角的に曲がる土塁とその内部側に積まれた石組遺構が検出され、その遺構からおよそ一・五メートル〜二・〇メートルに渡り犬走り的な遺構、道路とも考えられる部分を検出した。さらに平成十一年（一九九九）十二月から平成十二年（二〇〇〇）一月にかけての試掘調査では、鯰江城本丸推定地のすぐ南東に位置するところで土塁が現存しており、本丸外郭に接する古道も推定できる。他にも石積み遺構・溝・井戸・石列・土塀・門礎石などが検出され、門跡は鯰江城二の丸の門跡か本丸の通用門跡の可能性があるという。また石積み遺構が発見されたことは、六角氏の城では観音寺城・佐生《さそう》城・星ケ崎城等でしか確認されておらず、十六世紀半ばに石積みを城作りに導入した六角氏の先進性も感じとれる。遺物では土師器・灰釉《かいゆう》陶器・天目茶碗などが検出され、地元信楽産の陶器が多いということである。

鯰江城の近くに井元城という城があるが、これは信長軍が近江侵略時に築いた一夜城的存在の城ではないかといわれる。井元城は一辺三〇メートル程の単郭方形《たんかくほうけい》の城で、二重の角馬出《かくうまだし》があり、その先に一五〇メートルほどの土塁と空堀のある近江にはめずらしい城で、土層断面が鯰江城に比べて単純であることから一時的な城だと考えられている。このような攻撃時に付城《つけじろ》を築くのは信長の戦法の一つで、秀吉も小田原の北条攻めなどに用いて、その時氏郷も付城から攻撃した。

鯰江城はこの信長の侵攻により廃城となり、江戸時代には彦根藩の所領が大半を占めるようになる。百済寺も信長の焼き打ちにより全山灰燼と帰し、江戸時代に徳川幕府や彦根藩主井伊家の支援を受けて復興するが、天台宗の別院として三百坊に千人が暮らした巨大な中世寺院の姿に戻ることはなかった。

百済寺城《ひゃくさいじ》（滋賀県東近江市）

築城時期●不明（百済寺開基は六〇六年）　**築城者●**不明（寺院が城郭化された）　**城の分類●**城郭寺院

湖東三山の一寺百済寺は推古十四年（六〇六）聖徳太子が開基したと伝わる近江の古刹で、応仁の乱を避けて百済寺に宿泊した飛鳥井雅親《あすかいまさちか》が蹴鞠《けまり》をした記録が残る宗教・政治・文化などに影響力を持つ寺院だ。元亀四年信長の焼き打ちにより記録類も焼失し、裏付史料には恵まれない。しかし『百済寺跡分布調査報告書Ⅰ・Ⅱ』などでまとめられた発掘調査が行われ、城郭寺院としての遺構が検出されている。昭和五十九年（一九八四）度から三次に渡って分布調査が行われ、百済寺山中に百九十八か所の平坦地が確認された。東から西に傾斜する地形であるため、東の山の部分を切り崩し、その土砂を西側に埋めて平坦地を造っている。平坦地には井戸や方形の石積みで囲われた貯水施設・溝跡・礎石らしい石材なども発見されている。最も北側のⅠ区画は北の川と南の尾根筋に挟まれた平坦地で、石積みと石敷き遺構が発見されている。この区画の南側は尾根上に展開するⅡ区と呼ばれる区画で二十七区中七区に土を盛り上げた土塁状遺構がある。Ⅱ区のある尾根の南下には複数の通路があり、通路の西側に方形の平坦地がひな壇状に並ぶ。その中の一つは土塁と石垣で「コ」の字形に区画され、上下二段の面で構成された他の区画とは全く違う構造で、特別な施設であった可能性があるという。

総門をくぐり、五の谷川に架かる橋を渡って緩いカーブを進むと、斜め右方向にまっすぐ東に延びる通路がある。これが信長が攻めた時代の参道で、中世百済寺の、城でいえば大手道で、この先には境内地で最も高所の平坦地上の五重塔跡、城でいえば天守跡がある。五の谷川と南の尾根の間の区域には石積み土塁があり、内部には円形の石積み井戸も確認できる。最も南側の平坦地の東側には土塁が残っており、一段高所にあることから単独性が感じられる。

このように百済寺境内の平坦地は城塞化された遺構が多い。元亀から天正にかけては、石山本願寺や比叡山延暦寺をはじめ寺院の武装化が最もさかんな時代で、信長はこれらの僧兵と徹底的に戦った。百済寺境内地も、山城と同じように土塁で曲輪を囲い、通行を遮断する堀切を造っても不思議ではない。百済寺の文献史料には、要害や大要害の作業補助の手間賃として米を何斗何升支払ったという記録が残っている。つまり境内地を城塞化するための作業員費用を寺が支出しているということである。信長は永禄十一年(一五六八)九月、六角氏を追放して近江に入った時に、百済寺に対して軍勢の乱暴禁止や寺社の安全保障を約束した文書を出しているが、百済寺が六角氏に加担したことを放置できず、攻撃したのだろう。この後も信長の宗教勢力との戦いはまだまだ続き、氏郷も全国各地へ宗教勢力との戦に駆り出されることになる。

縄張り図　百済寺坊跡分布図（部分）

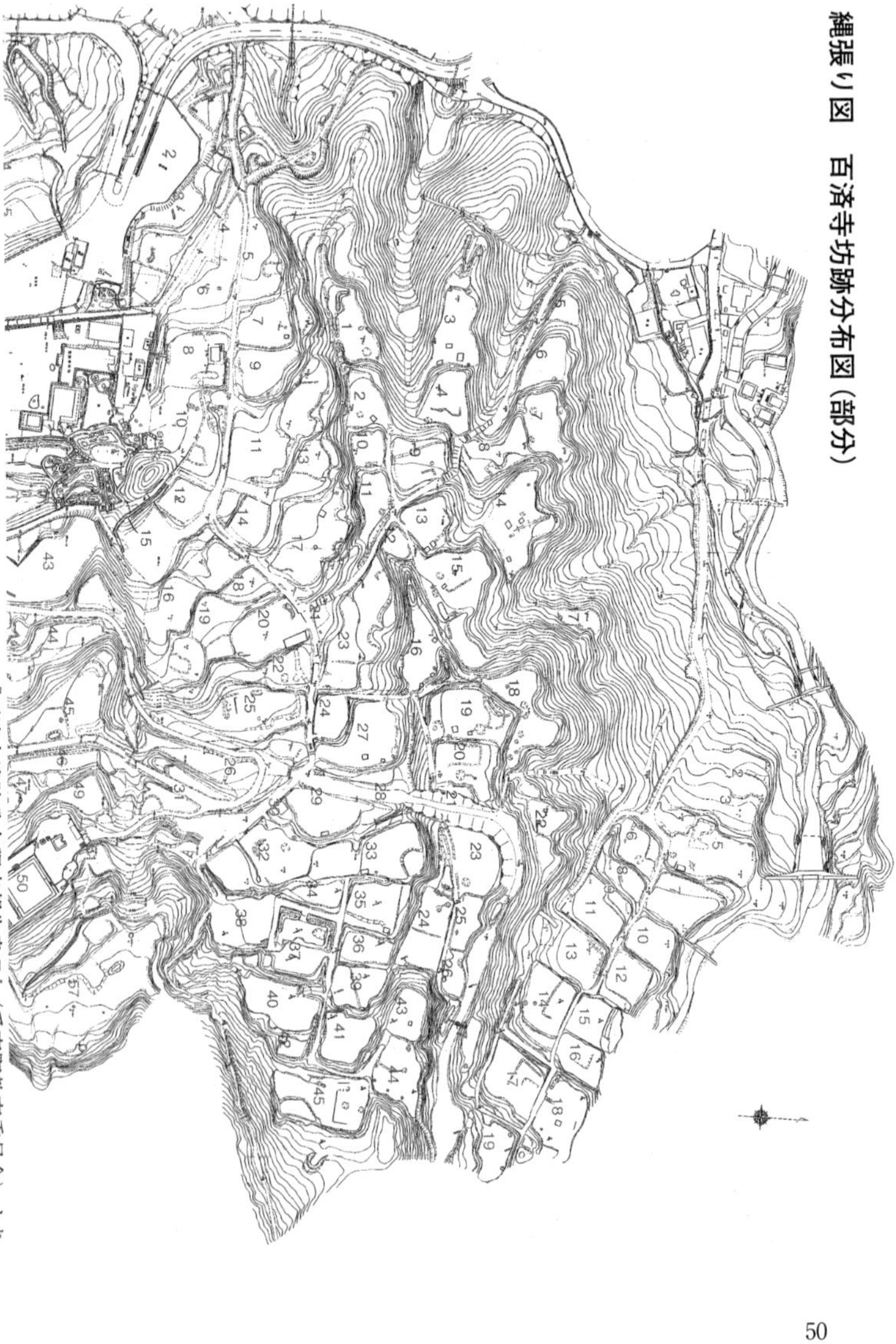

『百済寺遺跡分布調査報告書Ⅱ』〈愛東町教育委員会〉より

槇島《まきしま》城（京都府宇治市）

築城時期●不明　**築城者**●不明（足利将軍家臣真木島氏が本拠とした）　**城の分類**●水城

永禄十一年信長は近江六角氏を撃退し、京都に上って足利義昭を第十五代将軍に就任させる。二条の将軍御所を改築するなど、最初のうち二人の関係は良好だったが、次第に義昭は自身に将軍としての実権はなく、信長に利用されていることに気付き、武田信玄が西方に攻め寄せ、浅井・朝倉が信長に反逆するのを見て、諸国へ将軍名の私用文書を出したり、所領や扶持の裁定を独断で行うなどの行動が目立つようになった。そこで信長は元亀三年（一五七二）義昭に対して「十七カ条の意見書」を提出し、義昭の行動を改めるように意見した。元亀四年になると、義昭も山岡景友らに内々に褒賞などの約束をして、近江の今堅田や石山に砦を築きはじめる。信長は義昭を攻める決断をして、二月二十日柴田勝家らが石山を攻め、二月二十九日には明智光秀が今堅田を攻めて、それぞれ制圧した。三月二十五日信長が上京、義昭と和睦交渉するも聞き入れられなかったので、翌日二条の将軍御所を包囲して上京の町を焼き払う。義昭は守り切れないと諦め、和議に応じる旨の返事をしたので、四月七日信長は京都を引き揚げ、守山から鯰江・百済寺攻めに出陣した。信長は義昭がまた敵対して来るだろうと思い、その時に備えて大船を建造し、三千から五千の軍勢で一度に琵琶湖を押し切ろうと考えた。七月三日に船は完成し、七月五日義昭は兵を挙げ二条の御所に日野輝資《てるすけ》らを留守に置き、自身は宇治の槙島に移って陣を構えた。七月六日例の大船に乗り、信長は琵琶湖を渡り坂本に陣宿、七月七日将軍御所を包囲すると、御所を守る公家衆はすぐに降参して人質を出した。

七月十六日信長は槙島をめざして進撃し、宇治五カ庄のやなぎ山に陣を据えた。即刻宇治川を押し渡り、槙島城を攻略するよう命令を下した。槙島城は足利将軍家の重臣真木島氏が本拠とした城で、琵琶湖から流れ出る瀬田川が宇治川と名前を変える大河や、何本もの支流に囲まれた天然の要害で、義昭はこの城に立て籠もれば信長軍は川を渡れないと考えていたようだ。『信長公記』では「その名も高い宇治川は水みなぎり下って逆巻き流れる大河、川面はすさまじくことなく押し渡るにはどうしたものかと諸将は渡るかどうか思案した。引き延しするにおいてはこの信長が先陣を務めると言いきった。武将たちは後に引けぬ事態となった。信長から二手に分かれて渡河せよとの命令が下った。川上の平等院の北東から稲葉一鉄ら（略）が先陣で、斎藤新五・氏家直通ら（略）が平等院の門前に上がった。鬨の声を上げるや、たちまち付近に火を放った。一方川下五カ庄の前から西向きに川を渡ったのは、羽柴秀吉・明智光秀・蒲生賢秀・息子氏郷ら（略）だ。七月十八日二手に分かれた軍勢は、同時に先を争って川の中州をめざし、西に向かってどっと打ち渡った。

それから真木島の城をめざして南向きに旗首をそろえ、城から出撃してきた足軽を追い立て追い立て突撃した。ついに四方から城の外構えを乗り破り、火を放って攻め立てた」と書かれている。信長は義昭を切腹させず幼嫡子を人質に取り、秀吉を警固に付けて河内国若江城まで義昭を送り届けた。槇島城には織田方の細川昭元を入城させ、七月二十一日信長は京都へ凱旋した。そして七月二十八日、信長が不吉として嫌った元亀から信長が奏請した天正に年号が変わる。

『氏郷記』にも「元亀四年七月室町権大納言義昭卿、重ねて御謀反ありて、二條城に人数を籠置き御身は槇島に立て籠もり給ふ由聞えければ、信長卿頓て攻め上り二条城を破却し、其より槇島をも攻め破り給ふに、蒲生父子の人々も御供申されけり」とあり、さらに「氏郷その頃十八歳、父子ともに抜群の働きなりとて、左兵衛大夫賢秀に長光の太刀、子息忠三郎賦秀には御羽織をぞ下されける」と書かれており、戦功があったことが分かる。

槇島城は京都府宇治市の任天堂工場の通りの向かい側、住宅街を少し歩いた小さな児童公園の入口近くに石標が建っているだけで、遺構は何もない。『信長公記』に書かれているように宇治川の中州にあったといわれ、その宇治川も後世の改修により流れが付け替えられているので、景観も全く変わっている。

登城 MEMO ①

氏郷が信長時代に出陣した槇島城

槇島城の石標を探しにリュックを背負って、地図を見ながら歩いていると、向こうから歩いてくる人に「何か探しているのですか」と声をかけられた。「槇島城跡の石標を探しています」と答えると、「槇島城跡に来る人は珍しい」といって、宇治の歴史の話をしながら一緒に歩いて、児童公園のところに連れて行っていただいた。私が全国各地の氏郷の城を探していると、何度か先方から話かけられたことがある。その土地に伝わる歴史遺産を他の人にも知ってほしいという気持ちと、私を見て歴史の好きそうな人だろうという勘が働いたのかも知れない。

長島一向一揆を制圧

松之木渡城《まつのきわたし》・大鳥居城《おおとりい》（三重県桑名市長島町）

築城時期●不明　**築城者**●不明　**城の分類**●水城

信長は長島一向宗とは何度も戦っている。一回目は元亀元年（一五七〇）で、反信長包囲網の中で最大の敵だった石山本願寺は、諸国の一向一揆に檄を飛ばして全面戦争に突入したが、中でも伊勢長島一向一揆は強大な力を持っていた。木曽三川の合流する輪中地域の長島に浄土真宗寺院願証寺を建立したのは、本願寺八世蓮如の子息連淳だった。一向一揆勢はこの願証寺を拠点として決起し、十一月に信長の弟信興《のぶおき》が守る小木江城《こきえ》を攻撃して信興を自害させる。翌元亀二年にも信長は長島を攻撃するが、柴田勝家が重傷を負い、氏家卜全が戦死する。

天正元年（一五七三）九月二十四日、信長は北伊勢をめざして出陣。羽柴秀吉・佐久間盛信らが桑名で攻撃して敵を打ち破り、柴田勝家・滝川一益も諸城を攻め落とした。十月八日信長が陣を進めると、桑名・千草などの地侍たちは信長の陣に出頭し、人質を出して服従した。北伊勢は平定され、長島一揆勢も半分以上が討ち死にして勢力は衰えたように思われ、信長は滝川一益を残して兵を撤収することにした。ところが織田勢が引き揚げるのを見て、長島一揆勢はこれを追撃、山側の各所に先廻りして道の要所を押さえて、弓矢を放ち織田方の兵を倒した。殿《しんがり》を務めた信長の重臣林新次郎が戦死した。

長島は東・西・北とも川に囲まれ、南は海に面する四方とも難所が続く天然の要害である。これまで何度も一揆勢に痛い目にあわされている信長は、天正二年（一五七四）七月十三日、四方から長島一向一揆征伐のため出馬した。東の一江方面から嫡男信忠・池田恒興らが、西の賀鳥方面から佐久間信盛・柴田勝家らが、中央の早尾方面から信長本陣と羽柴秀長らが、そして海からは水軍を持つ九鬼嘉隆・滝川一益らが安宅船に乗って、四方から長島へ押し寄せた。『信長公記』に氏郷の名前は出てこないが、柴田勝家の与力として西の賀鳥方面から出陣し、一番乗りに松之木の渡しを渡り、大鳥居城を攻めて敵の首を取ったという。『氏郷記』には「蒲生父子は柴田与力に付けられて先手をぞせられける。松木の渡を氏郷一番に乗渡り、敵の中へ駆け入り、散々に戦ひ首を取る。外池長吉も氏郷同年にて十九歳になりけるが、父先年此所にて討死す。今度此陣にて一番に駆け入り首取って父の孝養に報ぜんといひつる如く、氏郷に引付相戦ひ、能き首をぞ取ったりける。関安芸守盛信の子息関四郎も蒲生に伴ひ、戦ひしが手柄を盡《つく》して討死す。敵兵船に取乗り落行く所を蒲生が家子杉山外記進といふ大力の剛の者、河へ飛入り舩に取付き引き留む」と書かれている。また蒲生氏の菩提寺である日野の信楽院には「天正二年七月十五日、竹村与吉が二十四歳で伊勢河内の松之木渡で討ち死にしたため、後生菩提のため父親の岡宗左衛門が涅槃《ねはん》像を寄進した」と裏書きに書かれた涅槃図が所蔵されている。このとき信長は『勢州軍記』では「首を取るのは士卒のことだ。お前は敵を討つ危険を知らないでは高名といえない」と氏郷をたしなめたと伝えている。

信長軍の四方からの総攻撃で長島一向一揆勢も弱りはて、八月二日激しい風雨の中を大鳥居城に籠城していた者たちも、夜中に城を抜け出して退散しようとした。信長軍はこれを追って、男女千人ほどを切り捨てた。一揆勢は食糧補給の道も断たれて餓死する者も多く、九月二十九日降参して、長島から退去することになった。城に籠もる一揆勢を焼き討ちにして全滅させ、長島一向一揆は終結した。

長島は現在細長い島状地形の輪中になっているが、当時は大小の島々が浮かび舟で渡っていた。その後埋め立てや開削が行われ、地形が大きく変化している。「松之木」の地名が残る長良川左岸土手道を歩くと、国土交通省が書いた「長良川明治改修と長良川開削」という説明版がある。それによると「明治二十年(一八八七)着手した三川分流のため長良・揖斐両川に背割堤(中堤)を設けて平行に流すこととされ、両川の合流する当地、松之木・上坂手・下坂手・千倉の間で大幅な引堤、長良川の開削といった大規模な河川改修が行われた。当時の長島輪中は現在の揖斐・長良背割堤まで陸続きだった。この工事のために長島輪中では、開削地が百五十町歩におよび、願証寺跡も長良川の川底となった」と掲示されており、松之木渡城も川底に沈んでしまった。

大鳥居城は揖斐川右岸に「大鳥居」という地名が残るが、この城も河川改修により水没したといわれる。集落の中にここが大鳥居城の跡だと伝わる場所もあるようだが、史料には全く残っていない。願証寺住持で当時十三歳だった顕忍が日野に落ち延びて日野町村井に願証寺を開基し、氏郷が匿ったとも伝わる。一向宗と戦いながら真宗寺院と良好な関係を持ち、氏郷自身はこの後キリシタンになるのだが、このあたりの氏郷の宗教観は不明である。

荒木村重謀反鎮圧

有岡城《ありおか》（兵庫県伊丹市）

築城時期●南北朝時代から戦国時代　**築城者**●伊丹氏　**城の分類**●平城

天正六年（一五七八）十月二十一日、荒木村重が謀反を企てているとの注進が方々から届いた。信長は安土城の留守番に織田信孝らを置き、京都二条の新邸に入った。十一月九日信長は摂津へ向かって出陣、その日は山崎に陣を取る。十一月十四日羽柴秀吉・細川藤孝らは先陣として荒木の本拠伊丹へ出陣、敵城近くの刀根山（大阪府豊中市）に陣を構えた。砦は他にも諸所に築き、丹羽長秀・蒲生賢秀らは見野（兵庫県川西市）の街道より南の山手に要害を築いた。茨木城には荒木方の中川清秀らが立て籠もっていたが、清秀は信長方に寝返って織田方の軍勢を引き入れた。十二月八日織田方は伊丹へ攻撃を開始し、十二月十一日諸所に対峙の砦を築くよう命じ、信長は古池田へ陣を移した。塚口（兵庫県尼崎市）の砦に丹羽長秀・蒲生氏郷らが布陣した。この後羽柴秀吉は播磨へ、明智光秀は丹波へ進撃し、信長も安土に帰城する。翌天正七年（一五七九）三月、信長は再び伊丹の四方に陣を構える。九月村重は五、六人の供を従え、有岡城を脱出して尼崎の城に移る。十月、織田方の滝川一益が調略をもって伊丹の町を無傷で占領し、城下町を焼き払った。有岡城では人質百二十二人を磔に掛けて鉄砲で射殺したり、槍で刺して殺した。このほか四百人近くを家に押し込んで枯草を積んで焼き殺し、村重の妻子は京都市中を引き廻して六条河原で斬首という悲惨な最期を遂げる。

有岡城は猪名川の西岸段丘に位置し、伊丹氏という在地土豪が南北朝時代から戦国時代にかけて伊丹城を築いたとされる。永禄十一年（一五六八）信長が京都に入り、摂津まで侵攻してくると、伊丹城主伊丹親興《ちかおき》は信長に従い三好三人衆を攻め、伊丹城を安堵される。しかし、天正二年（一五七四）信長の家臣荒木村重によって攻められ、村重が入城して名前を有岡城と改名し、大規模な改修を行う。城は主郭および侍町の内郭部と町家地区の外郭を含め、東西八〇〇メートル・南北一七〇〇メートルの範囲を、堀と土塁で囲んだ惣構の城だったようだ。また北・西・南の要所には三つの砦を築いていた。

伊丹市では当時の国鉄伊丹駅前整備事業に伴い、昭和五十年（一九七五）から主郭部の発掘調査が始まり、本丸跡の石垣や建物跡、庭園遺構などが見つかっている。天正六年の村重謀反による落城で有岡城は廃城となるが、天正十一年（一五八三）の秀吉大坂城築城と平行して、摂津から有馬・三木を通る湯ノ山街道が整備される。これに伴い伊丹の町も在郷町として復興が計られたと推測されている。平成二年（一九九〇）度には、兵庫県教育委員会埋蔵文化財調査事務所が確認調査を実施し、平成五年（一九九三）度から平成十一年（一九九九）度まで本発掘調査を実施している。そこでは大溝筋の堀や虎口状の構造を持つ遺構も検出されて、主郭域を囲む堀の一部と推定されている。また埋樋《うめどい》・廃棄土坑・井戸など屋敷内部と考えられる遺構も検出されており、近世に町屋の拡大が進んだと推測されている。また有岡城周辺の城郭でも、氏郷が陣を置いた塚口城などの発掘調査が行われている。氏郷が信長に命じられて、攻め口に掘・塀・柵などを巡らした可能性もあり、新たな発見に期待したい。

伊賀攻め

壬生野《みぶの》城（三重県伊賀市）

築城時期●戦国時代　築城者●清水氏　城の分類●平山城

天正七年（一五七九）九月、村重が有岡城を忍び出て尼崎城へ移った頃、信長は嫡男信忠に命じて伊丹を攻撃させていた。同じ頃二男信雄は伊賀へ軍勢を侵攻させ、制圧しようとした。信雄は氏郷が初陣として出陣した大河内城攻めで北畠氏の養子に入り、天正四年（一五七六）北畠具教を殺害して北畠の勢力を掌握したが、伊賀勢はなかなか従わなかった。天正七年九月、名張の下山甲斐守の誘引に乗った信雄が何とか伊賀を征服しようとしたのだが、結果は伊賀勢の要害での防戦に遭い、殿を務めた柘植三郎左衛門が、伊賀衆に追尾されて討ち死にした。九月二十一日京都から伊丹へ出陣した信長は、信雄が上方へ出陣もせず伊賀に出陣して重臣を死なせたことを知り、激怒して信雄に書状を送った。その内容は『信長公記』によると、「このたび伊賀の国境で負け戦をしたそうだが、誠に天の道理にそむく恐ろしいことで天罰ともいえる。若気の至りで、このたびの事態となったのか。上方へ出陣すれば父への孝行、兄信忠への思いやりともなり、お前自身の現在、将来のための功績となるはずだ。三郎左衛門その他を討ち死にさせてしまったのは言語道断、けしからぬことである。本当にそのような考えでいるのならば、親子の縁を切るようなことにもなると思うがよい」という厳しいものだった。

天正九年(一五八一)九月三日、今度は信長が伊賀討伐の時期を見きわめて、甲賀口・信楽口・加太《かぶと》口・大和口の四方面から伊賀に侵入した。氏郷は信雄が率いる甲賀口から甲賀衆らと先陣として出陣。信楽口からは堀秀政ら、加太口からは織田信包と伊勢衆、大和口からは筒井順慶と大和衆が侵攻した。九月六日信楽方面隊と甲賀方面隊が合流し、一団となって敵の壬生野城・佐那具《さなぐ》・峯伏《みねおろし》等へ進撃した。九月十一日佐那具を攻略するはずだったが、敵は夜中に退散してしまったので、信雄の軍勢を一部駐留させて、諸勢はさらに奥地へ進撃した。諸方面から攻め込んだ軍勢が合流したので、ここで郡ごとに攻撃担当の部隊を決めた。阿我郡は信雄、山田郡は信包、名張郡は丹羽長秀・蒲生賢秀ら、綾郡は滝川一益らと甲賀衆がそれぞれの諸城を破壊するよう命じられた。こうして伊賀の国を平定し、四郡のうち三郡は信雄の、一郡は信包の所領として与えられた。

伊賀は近江の甲賀郡中惣と同じように、突出した支配者を持たず、在地領主が地域の防衛と在地支配のために結成した一揆的な結合組織で運営されていた。城も甲賀とよく似た小規模な城館が濃密に分布しており、忍者がいた点でも一致している。城の形状も高い土塁で囲まれた単郭方形四方土塁というタイプの城が多い。

壬生野城は名阪国道壬生野インターを南東へ二キロメートルほどのところにある平山城だ。戦国時代に清水氏によって築かれたと伝わるが、詳細は不明である。天正九年氏郷が出陣した時は、このあたりの地侍がこの城を拠点として集結し、抵抗した。案内版が建っており、城域に入ると果樹園で仕事をされている人がおられ、少し話をさせてもらったが、ここが天正時代に戦の場だったこともよくご存知だった。主郭部の北東に掘があり、水もたたえられていた。虎口は高い土塁で作られ、よく遺構が残っている。虎口を入ると約五〇メートル四方の主郭があり、周囲を土塁が巡る甲賀の城とよく似た城だ。近くには、様々な祭礼行事を通じて結束を強めた、伊賀衆の氏神の春日神社や壬生野合戦で戦死した伊賀衆の墓がある。

武田攻め

長篠《ながしの》城・設楽原《したらがはら》の合戦（愛知県新城市）

築城時期●永正五年（一五〇八）　**築城者**●菅沼元成　**城の分類**●平城

時期は少し遡るが、天正三年（一五七五）五月十三日、信長と嫡男信忠は三河の長篠城を包囲している武田勝頼を後方から攻めるために出陣した。甲斐の武田信玄は、将軍足利義昭の信長討伐令の呼びかけに応じる形で西方へ向かったが、元亀四年（一五七三）病気で死去、三河まで進軍していた武田軍は本国へ撤退した。その間に徳川家康によって攻められ、長篠城は家康に奪われる。信玄の跡を継いだ四男武田勝頼が一万五千人の兵を率いて、五百人の手勢で徳川方の奥平信昌が守る長篠城を攻め囲んだ。これに対して家康が信長に援軍を頼んだことから長篠の戦いが始まる。

信長は五月十八日、陣を進め設楽の極楽寺山に、信忠は新御堂山に陣を構えた。設楽の地形は窪地でそこに織田軍三万人を配置した。家康を先陣に、滝川一益・羽柴秀吉・丹羽長秀が武田勢に向かって東向きに布陣、家康・滝川の陣の前には武田の騎馬隊の侵入を防ぐための柵を作らせた。一方勝頼は谷を前にして、総数一万五千人の兵を十三カ所に配置した。敵味方両陣の間二十町ほどに陣取った。信長は武田方が間近に陣を布いたのを絶好のチャンスだと捉えて、家康の軍勢で弓・鉄砲の巧みな兵二千人、信長のお馬廻り衆に鉄砲五百挺を持たせ、四千人ほどの長篠城救援部隊を編成した。部隊は五月二十日戌の刻（午後八時頃）乗本川を越えて南の山地を回り、五月二十一日辰の刻（午前八時頃）長篠の上にある鳶の巣山に登り、数百挺の鉄砲をどっと撃ち込んだ。こうして長篠城を包囲している武田勢を追い払い、城に入って城内の味方と合流して、敵陣の小屋を焼き払った。さらに家康が陣取った高松山に登り、信長は鉄砲千挺ほどを持たせ、敵方の動きを見た。相手を挑発すると、山形昌景・武田信廉《のぶかど》など武田方の重臣が攻め寄せたが、鉄砲を散々撃ち込んだ。敵は入れ替わり立ち替わり攻め掛かってきたが、信長方は軍勢を一隊も出撃させず、足軽鉄砲隊だけであしらった。武田方は兵力が削がれて退却した。五月二十一日は、朝から未の刻（午後二時頃）まで鉄砲隊を入れ替わらせて戦ったので、武田隊は多くの兵が討たれて勝頼の本陣へ逃げ戻り、さらに退却したので武田軍を追撃させた。その結果、武田方の有力武将を含め一万人ほどを討ち死にさせた。信長は三河の支配を家康に任せて、五月二十五日美濃の岐阜に帰陣した。

これが長篠城・設楽原の合戦で、織田の足軽鉄砲隊が武田の名だたる騎馬武者を打ち破り、鉄砲の威力を存分に発揮した戦として歴史に残る合戦だが、この戦に氏郷が出陣した記録は『信長公記』や『氏郷記』などにはない。しかし「三州設楽郡長篠古戦場図」(設楽原資料頒布会)には三好・森らとともに信長公先手の陣の中に蒲生の名がある。また「長篠戦図」(長篠城址史跡保存館発行資料)の中に、織田勢本営の東方の陣に森長可・羽柴秀吉らとともに蒲生氏郷の名がある。これらの資料により、氏郷はこの歴史的な合戦にも戦功を挙げたと思われる。

長篠城は戦国時代今川氏についた菅沼氏が築城し、その子孫が居城としたが、その後徳川氏と武田氏の攻防に巻き込まれた。長篠の地は豊川を遡って長野県・静岡県北部に通じる道中にあり、平地から山地に移り変わる地形に位置する。長篠城は南面を宇連川、西側を豊川が流れ、合流する場所に突き出た五〇メートル程の断崖絶壁で、北西側には矢沢の険しい谷がある天然の要害を利用した城である。本丸の北側には大規模な屈折した空堀と土塁の遺構が残り、さらにその北側には中堀・外堀を設けて三重の堀で防御体制を作った。これは元亀四年に家康が武田から奪取した後に、大規模な修築を行ったものといわれ、本丸北側の内堀は天正三年に氏郷が出陣した時の姿を残していると考えられる。本丸の南側はＪＲ飯田線で分断されているが、線路の南側の野牛曲輪にも曲輪や土塁の遺構が残っている。設楽原の中も歩いたが、織田・徳川連合軍三万八千人と武田軍一万五千人が、本当にここで戦ったのかと思うくらい狭い谷あいの地形だった。設楽原には高台から古戦場を見下ろし、信長軍の本陣や武田軍の陣地を写真で示す掲示板があり、「三州設楽郡長篠古戦場図」で見た氏郷の陣の位置も推測できた。

高遠城《たかとお》（長野県伊那市高遠町）

築城時期●不明（天文十六年〈一五四七〉に改修）　**築城者**●不明（武田信玄が改修）　**城の分類**●平山城

天正三年長篠の戦いで信長に大敗したが、武田勝頼はその後よく持ちこたえて、信玄の築き上げた武田の領国を維持した。天正十年（一五八二）正月、信長の安土城には、年頭の挨拶のため近隣諸国の大小名など大勢が出仕し、摠見寺《そうけんじ》へ登るところの山裾の石垣が崩れ落ちるほどだったという。一月十五日の左義長には、氏郷ら近江衆が爆竹を持って出場したと『信長公記』に書かれている。信長の天下統一が近いと多くの武将が思ったのか、信玄の娘を妻とした木曽義昌まで武田から信長方に寝返った。二月二日、木曽義昌の離反に驚いた勝頼は一万五千の兵を率いて諏訪の上原へ陣を据えた。二月三日信長は諸方面から出陣するよう命令を発し、信忠は森長可らを先陣として木曽・岩村方面へ出陣させた。二月二十五日には武田の重臣穴山梅雪が寝返り、家康を通じて信長方についた。三月一日信忠は軍を進め、天竜川を越えて伊那の貝沼原に集結させた。ここには、勝頼の弟仁科盛信が立て籠もる高遠城がある。高遠城は三方を険しい山で囲まれ、南は三峰川の断崖で隔てられた天然の要害で、籠城した仁科盛信は、兄勝頼が援軍を率いて来てくれるまで持ちこたえられると考えたのだろう。しかしここでも武田の家臣小笠原信嶺が裏切り、信長軍の森長可らを城の大手口近くまで引き入れた。三月二日、大手口に待機していた森長可らの軍勢が城内へ攻め込み、多数の敵兵を討ち取ると、生き残った兵は城内へ逃げ込んだ。信忠は自身で武器を持ち塀ぎわへ突進し、柵を破り塀の上から一斉に突入せよと号令した。城主の仁科盛信も首を取られ、一日で高遠城は落城した。盛信の首は信長のもとへ送り届けられ、信長の後継者としての役割を立派に果たした信忠は、三月三日上諏訪方面へ進撃し諸所を焼き払った。一方勝頼は新府城に火を掛けて退去した。重臣の小山田信茂の城を頼って行くと入城できぬと追い返され、家臣たちは次々に逃亡し、最後まで付き従った近侍はわずか四十一人となった。三月十一日勝頼と嫡男信勝は自害、武士・婦人たち全員が切腹または討ち死にを遂げ、武田氏は滅亡する。

信長は、高遠城が落城した後の三月五日に安土城から出陣する。三月七日信忠は上諏訪から甲府へ入国、武田方の主な家臣をことごとく成敗した。信長が高遠城に入ったのは三月十八日で、翌十九日に上諏訪の法花寺に陣を据え、諸勢の陣構えについて指示した。

『信長公記』には、この陣を構えた部将の中に氏郷・明智光秀・丹羽長秀らの名前がある。氏郷はずっと信長につき従い、先発した信忠の高遠城攻めの中にはいなかったようだ。信長の指示で戦後処理にあたったと思われる。信長は旧武田領の分配や甲斐・信濃両国あての掟書を発布すると、信濃の諏訪に信忠を駐留させ、四月三日には甲斐から富士山を見物しながら、駿河・遠江を廻って帰京した。部下にも休暇を与え、丹羽長秀・堀秀政・多賀常則の三人は草津へ湯治に出掛けたと『信長公記』には書かれている。氏郷も信長に付き従って富士山を見ているようだ。後の天正十六年（一五八八）松坂城へ本拠を移した時に、家臣も屋敷を松坂に構え、庭に富士山に似せた築山を築いたと評判になった。氏郷も見に行ったが、「本当に富士山を見たのかい。とても富士山には似てないよ」という内容の歌を短冊にして築山に立てて氏郷は帰城したという逸話が残っている。

信長も長年の強敵だった武田氏を滅亡させ、しかも信忠が高遠城をわずか一日で落城させたこともあり、絶頂期にあった。ほっと一息ついて油断もあったのかも知れないが、この二カ月後に運命の本能寺の変で、信忠とともに命を落とすことになるとは夢にも思わなかったであろう。

高遠城の確実な資料といわれるのは、武田信玄の家臣高白斎が記した『高白斎記』で、天文十六年（一五四七）三月に「高遠山の城鍬立て」とある。ここに信玄が初めて築城したのか、それまでこの地を支配した諏訪氏一族の高遠氏の屋敷を改修したのかは不明だ。城の縄張りは信玄の重臣山本勘助によって行われたと伝えられ、本丸西側の一画に勘助曲輪の名が残っている。信忠に攻められ落城後は廃城となるが、関ヶ原合戦後保科正光が入城し、鳥居氏を経て、内藤氏が高遠藩三万三千石の大名として明治維新までこの地を治め、明治五年（一八七二）廃藩後城内の建造物を解体し払い下げられる。

高遠城は北側の藤沢川と南側の三峰川が合流する地点の東側台地上に位置し、北は藤沢川に侵食された急斜面、南・西は三峰川によって侵食され、基盤岩が露出した急崖となっており、三峰川との比高は約七〇メートルある。西は鉾持山の絶壁が三峰川に迫り、南は白山の絶壁が三峰川に迫る。天険の要害であるとともに、中央アルプスや南アルプスの山を望むことができる絶景の地でもある。旧高遠町では、昭和六十二年（一九八七）と平成十四年（二〇〇二）度から十五年（二〇〇三）度にかけて発掘調査が行われている。明治八年（一八七五）頃からコヒガンザクラが植えられ、長野県天然記念物にも指定されており、桜の季節には大勢の観光客が訪れることもあり、コヒガンザクラの保護・育成との調和を図りながら史跡高遠城の整備・保存を図らねばならず、発掘調査も難しい面があったようである。

高遠には絵図が十数点残されており、絵図により城跡の変遷をたどれるという。それによると笹曲輪が、織田軍との戦闘配置図や江戸時代初期の絵図にはなく、鳥居氏の時代に作られたものと思われる。また本丸と二の丸の間は土橋でつながっており、大手の位置も東から西に移されたようである。享保十年（一七二五）の大地震で城内の各所が破損し、その修復の要請を幕府に提出した時の図には、破損個所や状況が詳細に記されているという。二の丸・三の丸の西側と勘助曲輪などの外周は大きく改変がなされているが、本丸・南曲輪・笹曲輪などの主郭部は廃城後大きな改変がなされていないということである。高遠城の郭内を歩くと、本丸・二の丸・三の丸などがそれぞれ深い空堀で守られており、容易に落とせそうもない城だということが分かる。浅井氏の小谷城と同じように通常の武力による攻撃ならとても落城しないような城が、敵方への内通や裏切りによって簡単に落城してしまう、これが戦国の世なのだろうか

第三章

氏郷が秀吉時代に出陣した城

小田原城総構城下張出

氏郷が秀吉時代に出陣した城

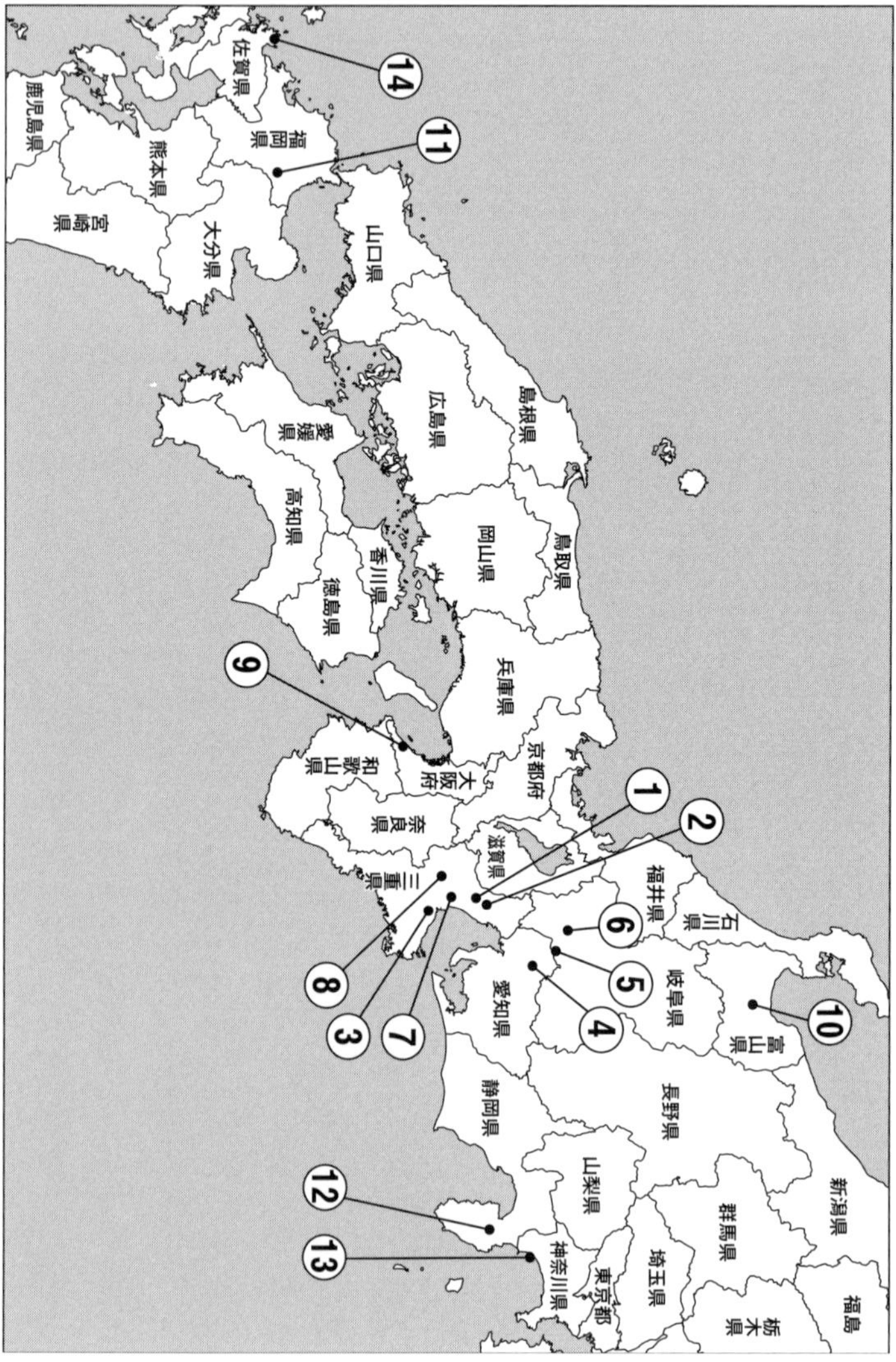

①　亀山城

三重県亀山市

信長の死後、秀吉と柴田勝家の戦いが始まった。伊勢国では関氏の居城だった亀山城が、家臣の分断から柴田勝家・滝川一益方についたことで、秀吉に攻められ開戦となる。制圧後秀吉は亀山城を氏郷に与えようとしたが、関一政に譲った。

②　峯城

三重県亀山市川崎町

関氏の分家峯氏の居城で、天正11年と翌12年の小牧・長久手合戦の発端として亀山城とともに秀吉軍に攻撃される。六つの郭群から成り、桝形虎口や折れのある土塁を配した強固な山城、氏郷が主力となって攻撃し、落城させた。

③　松ケ島城

三重県松阪市松ケ島町

ここは織田信雄が本城とした城で、小牧・長久手合戦の発端となり氏郷も攻撃した。松ケ島城は伊勢湾に面した平城で、現在は台状地に城跡碑が建つだけだが、金箔瓦の天守があった。氏郷が領主となると松坂城に城を移す。

④　小牧山城

愛知県小牧市

小牧山城は織田信長が築城し、天正12年家康が改修した。城は信長期と家康期の遺構が混在するが、石垣は信長期であることが判明した。小牧・長久手合戦で氏郷は、田中砦という付城を築いて小牧山城の徳川軍と睨み合った。

⑤　加賀野井城

岐阜県岐阜羽島市下中町加賀野井

小牧からの撤退の殿を命じられた氏郷は、その2日後加賀野井城攻撃の先陣を命じられる。城はすぐ落城して、秀吉軍は優位に立った。木曽川右岸堤防近くに城があったが、現在は水田地帯の中に加賀野井城跡の標柱が建つだけだ。

⑥　竹ケ鼻城

岐阜県岐阜羽島市竹鼻町

竹ケ鼻城は長島の上流にあり、長良川と木曽川に囲まれた輪中地帯に位置する。この地形に目をつけた秀吉はここに一夜堤を築いて、水攻めで無血開城させた。氏郷は戦の途中で南伊勢の紛争を押さえに行った。

⑦　戸木城

三重県津市戸木町

氏郷は南伊勢12万石の領主となり、松ケ島城に入城するが、戸木城主の木造氏は従わず反攻した。戸木城本丸跡の小学校敷地内に城跡碑が建ち、空堀跡が残る。氏郷は銀の鯰尾の兜をかぶって攻撃し、木造氏を押え込んだ。

⑧　口佐田城・奥佐田城

三重県津市白山町佐田

氏郷に従わない小倭衆という一派がいた。氏郷は平城の口佐田城、山城の奥佐田城を攻めて小倭衆を平定した。山城の奥佐田城は二段になった土塁に囲まれた郭跡が残り、土塁の先は急峻な崖状地になっている要害の城だ。

⑨　積善寺城

大阪府貝塚市橋本

真言宗根来寺の僧兵で鉄砲隊を持つ根来衆の城。方形の本丸に二重・三重の堀を巡らし、四方に櫓を備えていた。秀吉軍は10万を超える兵力で、泉州から紀州へ進軍した。氏郷は細川忠興とともに積善寺城を攻撃、両軍大量の死者が出た。

⑩　富山城

富山県富山市

佐々成政攻撃のため秀吉が出陣。氏郷も3000の兵で出陣したことが陣立書に残る。富山城は神通川の流れを城の防御に利用した浮城の異名を持つ難航不落の城だったが、佐々成政は圧倒的な秀吉軍の兵力を前に降服を申し入れた。

⑪　岩石城

福岡県田川郡添田町

花崗岩からなる岩石山に築かれた山城で、石垣や柱穴、大堀切などの遺構が残る。九州を支配した島津討伐に秀吉が初戦に攻めた城。氏郷は2000の兵で大手口の先手を命じられ、1日で落城。戦意喪失した島津氏は1か月後に降伏する。

⑫　韮山城

静岡県伊豆の国市韮山

秀吉の北条攻めに氏郷は三階菅笠の馬印で出陣。発掘調査で二重ないし三重の堀が巡っていたことが判明。秀吉は周囲に付城を築いて敵と睨み合う作戦を取ったが、氏郷は秀吉の命を受けて、すぐに小田原本城攻めに兵を移動させた。

⑬　小田原城

神奈川県小田原市

最後まで秀吉に抵抗した北条氏は総延長9キロメートルの大規模な総構を築いた。しかし付城の石垣山城を築き、20万を超える秀吉軍を前に開城した。当時の陣跡の位置は記録に残り、氏郷は荻窪山に陣を置き、北条の夜襲を退却させた。

⑭　肥前名護屋城

佐賀県唐津市鎮西町名護屋

秀吉の大陸出兵に向けて渡航基地となった城。総石垣造で金箔瓦を使用した五重天守も建てられた。全国の大名が集結し、兵の数は30万に及んだ。氏郷は朝鮮半島には渡らなかったが、陣を置いた場所は記録に残る。

賤ケ岳合戦の前哨戦

亀山城（三重県亀山市）

築城時期●文永二年（一二六五）　**築城者**●関実忠　**城の分類**●平山城

本能寺の変で信長が自刃、信長を討った明智光秀も山崎の戦いで秀吉に敗れる。六月二十七日、信長亡き後の後継者を決める清須会議がもたれた。当時三歳の三法師（信長の孫・後の秀信）が織田家の後継者に決まったが、これを後見する信長の二男信雄に秀吉がつき、三男信孝に柴田勝家と滝川一益がついて両陣営が争うという対戦構図ができた。氏郷はこれまで勝家の与力として参戦していたので勝家につくと思われたが、結果は秀吉につく判断をした。この後賤ケ岳合戦へと続くのだが、その前哨戦として伊勢の亀山で両陣営の戦いが始まる。氏郷は賤ケ岳合戦には参戦せず、もっぱら伊勢方面の攻撃を秀吉から命じられた。

亀山は鈴鹿郡のほぼ中央に位置し、鈴鹿川とその支流の椋川《むくがわ》によって形成される段丘上にあり、中世以降は郡の中核だった。亀山城は文永二年（一二六五）鈴鹿南西部の地頭職の関実忠《せきさねただ》が築き、以降関氏の居城であったとされる。記録上でその動向が確認できるのは十四世紀後半で、関氏が築いた城は亀山市歴史博物館南側（亀山市若山町）にある「亀山古城」と呼ばれる小丘陵がその跡地で、近世の亀山城の城域も含めた広大な城だったようである。発掘調査によると近世亀山城の二の丸・三の丸の下層からも戦国期の亀山城の空堀跡が確認されており、中世末期の城郭を母体として築かれたと考えられる。

この地を支配した関氏は、盛信が城主だった天正元年（一五七三）、信長によって亀山城を没収され日野の蒲生氏の預かりとなったが、天正十年（一五八二）亀山城主に復していた。盛信の長男は長島攻めで戦死、二男は比叡山の法師で、三男勝蔵は柴田勝家のもとにあった。盛信は二男を還俗させて一政として元服、賢秀は本能寺の変後明智光秀についた布施氏に嫁がせていた氏郷の妹を離縁して一政に嫁がせた。盛信が秀吉に挨拶のため上洛している間に、一政の継嗣に反対する家臣岩間氏らが滝川一益を頼り、一益は兵を発して亀山城を乗っ取り、秀吉方の岡本重政の峯城を攻める。関父子は途中でこれを知り、氏郷を介してこの旨を秀吉に報告、二月九日秀吉出陣して亀山城を攻め、織田信雄を入城させ、氏郷らに峯城攻撃を命じた。三月三日、亀山城は降服・開城となる。秀吉は戦功により亀山城を氏郷に与えようとしたが、氏郷はこれを辞退して関一政に譲った。氏郷は、亀山城は関家が永年城主として治めたことで温情を示し、与力として氏郷の味方につける方が得策だと判断したのだろう。

この後賤ケ岳合戦へと続き、秀吉・信雄勢が勝利するが、信雄は自分が信長の後継者なのに、秀吉が天下を狙っていることに危機感を抱いて徳川家康に取り入り、秀吉に対抗する。翌天正十二年(一五八四)信雄・家康対秀吉という対戦構図の小牧・長久手の戦いが起こると、亀山城と峯城は再び戦場となる。原因は信雄が、秀吉に通じたとして伊勢国内の諸将を殺害して伊勢の守備を固めたのに対して、亀山城主の関一政らは秀吉に味方したものである。秀吉は氏郷らに出陣を命じ、神戸城主・神戸正武らの攻撃を退けた。

亀山城はその後一政が氏郷の与力として仕え、氏郷が会津領を賜り一政が白河城代として奥州白河に移ると、岡本良勝が亀山城主となり城の修復に着手する。良勝は本丸に石垣を築き、近世城郭としての亀山城を築くが、関ヶ原合戦では西軍に与したため自刃、その後一政が再入城する。その一政も慶長十五年(一六一〇)伯耆黒坂(鳥取県日野町)に転封され、その後は徳川譜代大名が城主となり、明治維新を迎える。明治六年(一八七三)の廃城令によって城内のほとんどの建造物は取り壊され、堀も埋められ、現在は多門櫓《たもんやぐら》と石垣・土塁・堀の一部が残る。

峯城《みね》（三重県亀山市）

築城時期●正平年間（一三四六～七〇）　**築城者●**峯政実《みねまささね》　**城の分類●**平山城

　峯城は関盛政の五男峯政実（峯氏始祖）が峯氏の本拠地として正平年間（一三四六～一三七〇）に築城したと伝えられる。亀山市北部を流れる安楽川と八島川合流点の丘陵地にあり、安楽峠を越えて土山に通じる道（安楽越）と、鈴鹿山脈東麓を抜け関ヶ原に至る道（近世の巡見道）が交わる交通の要衝でもあった。南北に峠が続き、東西は深田に囲まれた天然の要害に城が築かれた。史料に峯氏が出てくるのは十五世紀からで、実際に築城されたのは室町時代後半だと考えられている。峯氏は天正二年（一五七四）、峯盛祐《もりすけ》が伊勢長島城で討ち死にしたため没落し、織田信孝家臣の岡本良勝に与えられたとされる。亀山城と同じように賤ケ岳合戦の前哨戦として滝川一益方の手に渡り、天正十一年（一五八三）二月一益の甥の滝川儀太夫が三千の将兵で守る峯城を秀吉軍が攻撃した。氏郷も羽柴秀長、三好秀次やその他の江州衆とともに出陣した。滝川儀太夫は豪勇で知られた武将でよく持ちこたえ四十数日間籠城を続け、兵糧・弾薬が尽きて四月十七日に降伏開城した。峯城は亀山城とともに、翌天正十二年にも小牧・長久手の戦いの発端として氏郷らが攻撃して落城させている。天正二十年（一五九二）峯城周辺地域が堀尾吉晴に与えられ、慶長五年

（一六〇〇）頃までは城として存在していたようだ。

安楽川流域から四日市市にかけての鈴鹿山系東麓に「おそろしいもの」を意味する言葉「ガモジ」という方言が分布している。子どもが言うことを聞かない時などに「言うことを聞かないとガモジが来るぞ」などと使われるという。秀吉軍の先鋒を務めた氏郷の進攻ルートであるこの地域と重なり、「蒲生氏」がなまったのではないかと言われている。ただし、恐ろしいものを意味する方言は九州などにもみられ、必ずしも蒲生氏が語源ではないという説もあるが、いずれにしても、氏郷が猛攻撃で峯城を落城させたことが人々の記憶として伝えられたことは間違いないだろう。

峯城の縄張りは六つの郭群から成り、櫓台と土塁の折れを使った横矢掛りの工夫もされている中世の山城である。中に入ると藪地が多く歩きにくいが、桝形虎口《ますがたこぐち》や井戸跡の遺構も残り、氏郷が猛攻を加えた当時を想像することができる。伝天守台は石垣の痕跡が見られ、周辺には瓦が散布していることから、石垣を持ち瓦葺きの建物が存在したものと考えられている。石垣や瓦葺建物は堀尾氏の時代の近世城郭の技術が採り入れられたのではないかと考えられるが、中世から戦国時代、そして近世への過渡期の遺構が残る城として見ごたえがある。また峯城周辺には古城跡などの秀吉軍の陣城跡と考えられる城もあり、氏郷もこれらの陣城から攻撃したのかもしれない。

峯城跡地形測量図

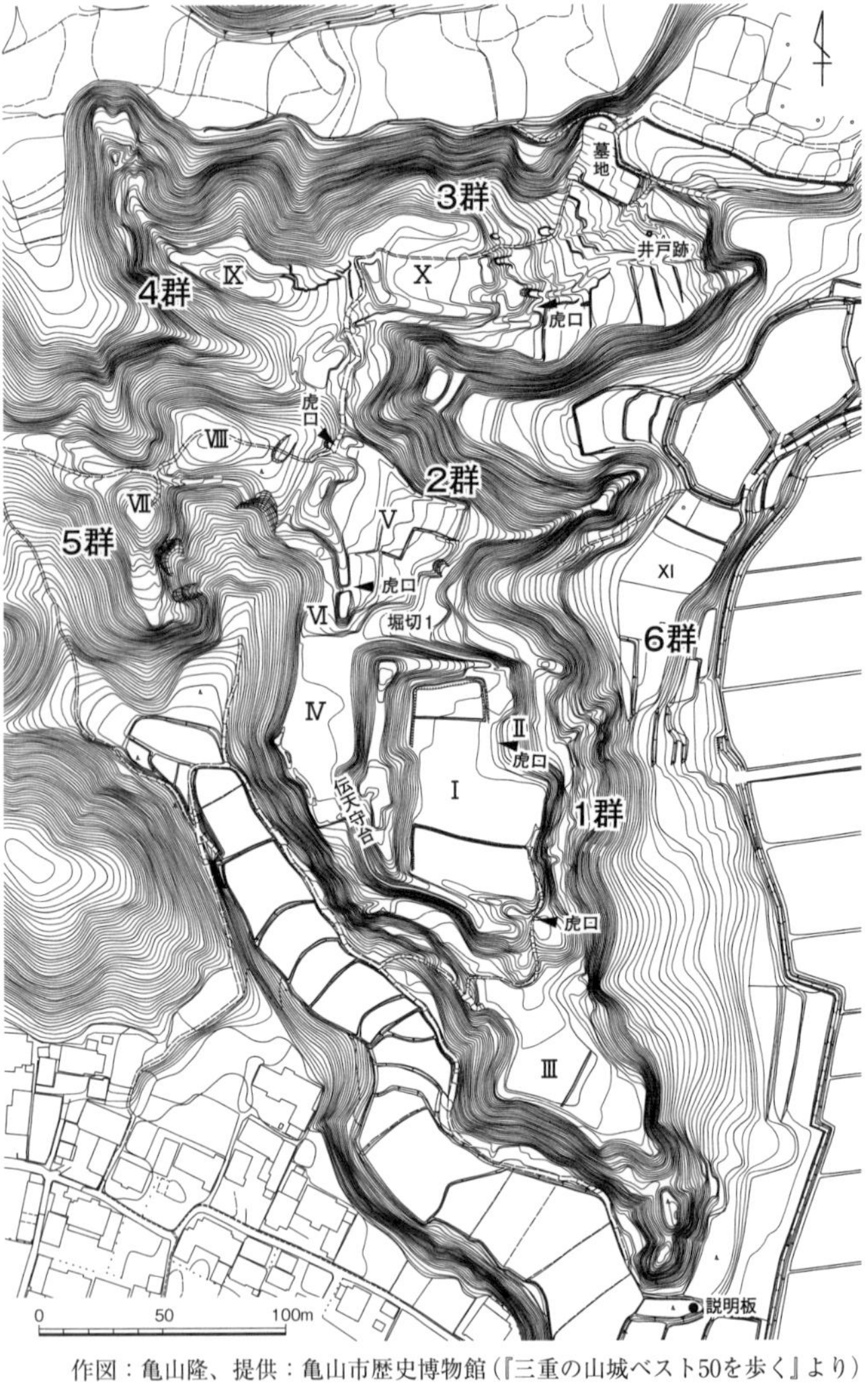

作図：亀山隆、提供：亀山市歴史博物館（『三重の山城ベスト50を歩く』より）

小牧・長久手の戦い

松《まつ》ケ《が》島《しま》城（三重県松阪市）

築城時期●永禄年間（一五五八〜七〇）　**築城者**●北畠氏（旧名細首城）　**城の分類**●平城

天正十二年（一五八四）三月三日、秀吉が信雄方の三家老津川義冬・岡田重孝・浅井長時を、利をもって誘い秀吉方につかせたとして、信雄は家康とも相談して土方河内守に三家老を暗殺させた。さらに松ケ島城の滝川雄利、峯城の佐久間正勝ら伊勢の諸将に守備を固めさせ、秀吉との対決姿勢を取った。この動きを知った秀吉は、信雄の挑戦とみなして堀尾吉晴に信雄領の北伊勢に出兵を命じ、自らも出陣する。十二日氏郷にも先手として出兵の命が下り、前年開城させた峯城を攻めた。峯城は前年の戦いで破壊され、城壁の修理も間に合わなかったので、佐久間正勝をはじめ城兵は城外に出て戦ったが、数日のうちに氏郷らに攻め落とされた。氏郷の与力として亀山城主に置かれた関盛信・一政父子も亀山城を出て奮戦、秀吉から感状を得るほどの働きだったという。

峯城を落としてすぐ十六日には松ケ島城攻めに移り、氏郷も参戦する。松ケ島城は、永禄年間に信長の侵攻に備えて北畠氏が築城した細首城という城で、天正八年（一五八〇）織田信雄が居城としていた田丸城が焼失したため、細首城を改修して松ケ島城と改称して新たに本城として入城した。本能寺の変後、伊勢・伊賀・尾張の三か国を得た信雄は、伊勢長島城に本拠を移し、松ケ島城は津川義冬が城主となるも殺害され、城主が滝川雄利に変わった時に秀吉が攻撃し、小牧・長久手の戦いが始まる。松ケ島城の攻囲戦は四月まで続いたが、秀吉と信雄・家康との対決が迫ったため、氏郷は秀吉に命じられて三月下旬に尾張小牧方面に移動、その後は氏郷の代将として蒲生郷成が松ケ島城、その後の木造城攻めにも参加した。松ケ島城には家康の武将服部半蔵らも加勢したが、四月下旬食糧補給を断たれたこともあり、滝川雄利は開城して降参した。

松ケ島城はこの二カ月後の六月に氏郷が、南伊勢十二万石の領地を得て入城する城である。松ケ島城は伊勢湾に面した平城で、現在はおよそ二〇メートル四方の天守山と呼ばれる台状地と掘割の名残りである水田に当時の面影をわずかに残すだけである。しかし信長の二男信雄が城主だった城であり、金箔瓦で飾られた五層の天守を上げた城だった。天守山付近からは、金箔の残る古瓦片や鯱瓦、陶磁器片などが出土しており、天正十六年（一五八八）氏郷が新たに築く松坂城に部材が再利用され、商人や職人も松坂へ移る。

移転した理由は天正大地震により城が崩壊したこと、城域が狭いこと、遠浅な海岸線が続き大きな船の出入りもできない良港とはいえない港だったこと、氏郷の領地全体からみると片寄った位置にあることなどが挙げられる。理由はいくつもあるだろうが、筆者は氏郷が城だけでなく新たな城下町を作ろうとしたのが最大の理由で、町づくりが見込める広い平地のある松坂へ参宮道(伊勢街道)も付け替えて城を移したのではないかと推察する。

小牧山城《こまきやま》(愛知県小牧市)

築城時期●永禄六年(一五六三)　**築城者**●織田信長　**城の分類**●平山城

信雄の領国伊勢で戦いが起こったのとほぼ同じ頃、尾張でも小牧・長久手の戦いの前哨戦が始まっていた。秀吉軍の大垣城主・池田恒興は信雄領内の犬山城を攻め落とし占領した。清州にいた家康は、犬山落城の報に接すると、ただちに出動し小牧山に入った。小牧山は永禄六年(一五六三)信長が築城した城だが、永禄十年(一五六七)岐阜城に移った時に廃城となった。したがって家康は秀吉の大軍と戦うためには、大規模な修理を行う必要があった。さらに蟹清水・宇田津等の砦を築いて秀吉軍に備えた。

これに対して秀吉は楽田《がくでん》に本陣を置き、二重堀・田中・岩崎山等に砦を築き、兵を置いて対抗した。この時氏郷は、堀秀政・細川忠興らと一万余の兵で田中砦に入った。小牧山城本丸にある小牧市歴史館には、この時の両軍の陣形が展示され氏郷の名前もある。田中砦には石碑があり、「羽柴秀吉方の砦跡で蒲生氏郷らが守備した」と書かれている。しかしこの戦いは両軍が対峙したまま小競り合いがあった程度で、持久戦に持ち込まれた。四月に入ると秀吉方の池田恒興が家康の本拠三河を討つ策を主張した。これを許さなかった秀吉もやがてその策を入れ、四月六日池田恒興・森長可・堀秀政らを三河西部に出撃させた。これを知った家康は敵を追撃して小幡城に入った。九日の朝、秀吉方の三好軍を破ると堀隊を討って、池田・森隊を長久手に包囲し、池田恒興・森長可とも戦死したため兵は敗走した。家康は深追いせずに小幡城に退いた。秀吉は小幡城を討とうとしたが、氏郷らがこれを制止したので秀吉も承諾し、氏郷と細川忠興は竜泉寺に宿営した。戦場は再び膠着状態となり、秀吉は家康と信雄の分断を図るために信雄の諸城攻略に転じようと、五月一日にわかに撤退を命じ、氏郷と細川忠興らに殿を命じた。

小牧山城は永禄六年(一五六三)信長が築城し、天正十二年(一五八四)家康が改修しており、現在残る遺構がどちらの時代のものか見分けるのは難しい。主郭周辺に大規模な石垣がありこの調査で石垣石材の一部に、小牧山北東に位置する岩崎山から運んだと思われる花崗岩が使われていることが判明したという。岩崎山は小牧・長久手の戦いの敵方秀吉の砦として使用されており、秀吉軍と対峙しながら家康が大掛かりな石垣を築くのは不可能だと考えられる。小牧市教育委員会の発掘調査の結果、主郭部が総石垣づくりで野面積み、二〜三メートルの高さの石垣が三段にセットバックしながら積み上げられていたことが判明した。これは当時の技術では一度に高い石垣を築けなかったためだろうが、後に信長が安土城の高石垣を築く前段階の石垣がこの小牧山城で築かれていたことは注目される。

また大手道の調査でも石積を採用した永禄期の大手道を天正期の石積のない大手道が埋め立てていることが確認されたそうだ。信長時代の大手道の幅は五・四メートルで、山麓から山腹の尾根筋に到達する手前まで約一五〇メートルを一直線に登り、これも安土城と似ている。この信長が築いた小牧山城も岐阜城移転に伴い、十七年間廃城となっていたが家康が本陣として改修した。家康が作ったのは、山麓と山腹を取り巻いて守った長大な土塁と空堀である。大手口を改修して外桝形《そとますがた》を作ったのも家康だと考えられている。小牧・長久手の戦いの軍事的な砦として、小牧山城を使ったものであり、本格的な城郭の改修はされていないが、実用的な城に生まれ変わったということだろう。

この関ヶ原合戦の一つ前の天下分け目の戦いである小牧・長久手の戦いに出陣した氏郷は、田中砦に陣を構えた。この田中砦に置かれている案内板によると、四世紀に築かれたと考えられる三ツ山古墳群があった場所だという。三つの山があったが、現在は三ツ山三号墳だけが小高い山に残る。秀吉は岩崎山の南麓から田中・二重堀の砦に至る二十余町にわたる土塁をわずか一日で築いたとされる。氏郷は細川忠興らとここに陣を置いたが、徳川軍との睨み合いが続き、大掛かりな戦にはならなかったようである。

加賀野井城《かがのい》（岐阜県羽島市）

築城時期●不明　**築城者●**不明（天正年間に加賀野井秀望《ひでもち》が織田信雄の臣下で城主だった）**城の分類●**平城

天正十二年（一五八四）五月一日、小牧からの撤退の殿を秀吉から命じられた氏郷は、その二日後の五月三日、今度は秀吉から尾張加賀野井城攻撃の先手を命じられる。秀吉は城の追手を細川忠興に、搦手を氏郷に命じた。この時点のものと思われる小牧・長久手合戦陣立書が『浅野家文書』に所収されており、氏郷は牧村利貞（氏郷と同じキリシタンで利休七哲の一人）や甲賀衆とともに一番手に書かれている。『氏郷記』では「五月六日の夜、寄せての陣へ夜討ちを懸けんとて、伊勢国住人嶺《みね》・九須《くす》・千草《ちくさ》・上木《かみき》の四人を大将として子の刻に追手の門より打って出づる。この千草は蒲生飛騨守氏郷の母方の叔父にてありければ、宵より飛騨守へ案内ありしとかや。されば氏郷に、なじかは手に合はさるべき。真一番に懸合ひてぞ戦はれける。五月闇暗さは暗し、敵も味方も見分かざるに、敵二人落来る。寄手の方へ討取る首数、都合四百余の内、氏郷の手へ百余とぞ聞こえし」とある。

『勢州軍記』にも「加賀野井城には織田信雄の援兵も加わり二千余が守っていたが、秀吉方の十万の大軍に攻められ、七日に落城して戦死者はおよそ千人を数えた」とあり、短期間の内に秀吉軍が加賀野井城を攻め滅ぼしたことが分かる。

加賀野井城の築城年代は明らかではないが、天正年間に加賀野井秀望が織田信雄の臣下となり、一万石を領して城主となっていたと伝えられる。場所は木曽川右岸堤防近くの現在は水田地帯の中に、標柱が立つところが城跡であったことが分かるが遺構は残っていない。筆者も碁盤の目状の農道を車で走り、標柱を探したがなかなか見つからず、人家に入って聞いてようやく行き着くことができた。周囲より少し高い土盛があるので、土塁か櫓台があったのかも知れない。

それにしても秀吉がそれまで戦線を張っていた小牧・長久手から五月一日、何故にわかに撤退を命じて五月三日には岐阜(当時は尾張領)羽島の信雄の属城を攻めたのだろうか。長久手では秀吉の重臣池田恒興・森長可を戦死させるなど、明らかに秀吉軍は家康軍の前に不利な戦いを負わされている。そこで秀吉は戦局の転換を図るために、家康と信雄の分断を策し、鉾先を信雄に向けてこれを攻め落とし、有利な条件で講和に持ち込もうとしたのだろう。この秀吉の方向転換で、小牧で殿を加賀野井城で先手をという重要な役割を背負わされ、見事にこれに応えたのが氏郷だったといえるのではないだろうか。秀吉も十分そのことを認識していたので、この一カ月後その恩賞として、氏郷に南伊勢十二万石の領地と松ケ島城を与えることになる。

竹ケ鼻《たけがはな》城（岐阜県羽島市）

築城時期●応仁年間（一四六七～六九）　**築城者●**竹腰尚隆《たけこしなおたか》　**城の分類●**平城

秀吉は加賀野井城をわずか数日で落城させた後、加賀野井城から四～五キロメートル北にある竹ケ鼻城を攻撃の的とした。この岐阜羽島というところは西に長良川、東に木曽川という大河に囲まれた輪中地帯に存在し、さらに木曽川の支流足近川《あじかがわ》がある。この地形に目をつけた秀吉は足近川の増水を利用して、高さ約一二メートル、幅約二六メートル、長さ約二・六キロメートルの堤を短期間で築いて城下ごと囲み、水攻めの作戦を実施した。筆者もすべて見て回ったが、一夜堤という石碑が三か所に立っており、秀吉が指揮所として本陣を置いた太閤山と呼ばれる付城跡が残っている。秀吉はこの築城工事を五月十一日からわずか五～六日の間に完成させたと伝えられる。竹ケ鼻城では、何度か信雄や家康のところへ救援の使者を送ったが援軍は現れず、六月十日に無血開城となり、城主不破宏綱は伊勢長島の信雄の城へ撤退した。

氏郷が竹ケ鼻城攻めに参加したことは、記録には出てこない。もっともこの竹ケ鼻城攻めは武力による戦いではなく、水攻めによる長期戦だったので、他の武将の名前も出てこない。しかし、加賀野井城攻めで先手を務めた後すぐの戦いなので、竹ケ鼻城攻めにも入っているのは当然の流れであり、氏郷も参戦したと思われる。この戦が終決するのは六月十日だが、それまでに氏郷の新領地である南伊勢でも紛争があり、それを押さえに行ったと考えられる。

竹ケ鼻城は応仁年間(一四六七〜六九)に竹腰尚隆が築城したといわれ、天正十二年(一五八四)秀吉に水攻めされた時は不破広綱が城主だったが、伊勢長島の信雄の城へ退却した後何人も城主が変わる。慶長五年(一六〇〇)関ヶ原合戦時の城主は杉浦重勝で、岐阜城主織田秀信(信長の孫三法師)が西軍石田方についたので、配下にあった杉浦も西軍に味方し、東軍の福島正則らに攻められ、竹ケ鼻城に火を放って自害した。竹ケ鼻城の戦いに勝利した東軍は、この後岐阜城も破り、大垣城で西軍と対峙する。その後竹ケ鼻城は再建されることもなく、本丸跡には羽島市歴史民俗資料館が建ち、小牧・長久手の戦いと関ヶ原の戦いの二度の天下分け目の戦いの場となった竹ケ鼻城の歴史を現在に伝えている。

松ケ島十二万石拝領後南伊勢平定の戦い

戸木《へき》城（三重県津市）

築城時期●元文年間（一五三二〜五五）　**築城者**●木造氏　**城の分類**●平城

氏郷は竹ケ鼻城開城後の六月十三日、城を預かっていた岡本下野守から松ケ島城を受け取り入城する。しかし氏郷が移封された領地は信雄勢力の残存地であり、木造《こつくり》氏という信雄の重臣を中心とする抵抗勢力がいた。家康と信雄を分断して信雄を攻略するという秀吉の戦略遂行の一環として、氏郷がこの地に配置されたともいえる。所領の平定のためには、氏郷自らが信雄配下の抵抗勢力を押さえることが条件とされた。二十九歳の氏郷はこのことを強く胸に刻んで松ケ島城入城時、家臣にも厳しい姿勢で臨んだ。氏郷の軍規・軍律は厳しく行列時に馬沓《うまぐつ》（馬のひづめを保護するためにわらじや皮革などで作った馬用の履物）を打ち換えることを禁止する軍法を決めていた。ところが福満次郎兵衛という勇将がこれに違反して、立ち止まって馬沓を換えたので、氏郷は監察役の外池甚五左衛門・種村慮斎に命じて首を討たせた。まだ敵地といえる領地に入り、立ち止まっている間に敵から攻撃を受けるかもしれない危険があるのだ。氏郷の軍が、個人の槍働きで評価される戦国時代の戦法ではなく、厳しい軍法のもと軍勢が整然と行動することを求められ、「横目」と呼ばれる監視役をつけて違反した者は厳しく処刑し、功を挙げた者は賞するという方針が徹底されていたのである。

四月頃からすでに秀吉は信雄の重臣木造氏が籠もる戸木城攻略のための付城を四つ普請するよう田丸氏や榊原氏などの近隣の武将に命じている。その時期氏郷は小牧方面にあり、重臣の蒲生郷成に付城の普請を配下のものに申し付けるように指示している。ようやく小牧方面から加賀野井・竹ケ鼻の城攻めが終わり、六月に氏郷が松ケ島城を賜った時、隣の戸木城で木造氏が籠城していた。木造氏は木造城という本城があったが、平城で秀吉軍には対抗できないと考えたのか本城を捨て戸木城に籠もった。

『氏郷記』には「松が島分領には、出城を四箇所に拵《こしら》へ上坂左文・坂源次郎・生駒弥五左衛門・谷崎忠右衛門等四人を入置かれけり。木造、事ともせられず手勢一千余人を二手に分け、松が島と安濃津と両所の分領へ夜討して或は火を懸け焼払ひ、或は人を討ちつ討たれつせられけり」とある。木造方は氏郷が戦陣ではいつも先頭を駆けて突進することを知っており、氏郷をおびきだし真っ先に突進して来るところを取り押さえようという作戦を立てた。八月十五日、上坂左文の砦へ木造方の使者が現れて、「今日は満月であるから月を賞でながら鵜飼をしたいので休戦したい」と申し入れてきた。左文はこのことを氏郷に報告し、二人の家来に木造方の様子をうかがわせると、戸木の侍が鵜を三十匹ほど河に入れ、魚をとりその魚を氏郷にも進上してきた。氏郷勢は敵が現れないだろうと思い、氏郷も松ケ島城で満月の月見の宴を張り、歌でも詠もうとしているところへ、敵が仕掛けたという合図の鉄砲が三つ鳴った。氏郷はただちに鎧と銀の鯰尾の兜をつけて飛び出した。木造方では、氏郷はきっと真っ先に駆けてくるに違いないと待ち構えているところへ、氏郷一騎が突き進んできた。満月の夜に銀の鯰尾の兜はよく目立ち、そこへ鉄砲を撃ちかけると、その弾が三発氏郷の兜にあたったが弾は通らず、氏郷は傷も負わず縦横に駆け回り、敵を突き倒した。この戸木城の戦いから、氏郷といえば銀の鯰尾の兜をつけて突進する武将だということが広く知られるようになった。『勢州軍記』などには、「氏郷は軽き大将なり。運ありて即ち敵に勝つ。もし利を失わば大将たらざるの難なり」と評しているが、氏郷は一瞬の好機を捉え、先頭に立って士気を鼓舞したのであろう。この激しい戦いで木造方は大きな痛手を被り、以降は戦いを挑んでくることはなくなった。

戸木城は南には雲出川《くもずがわ》が流れ、西は深い谷となり、北は深田で東に大きな堀を造り、自然地形を生かした要害の城である。戸木城の主郭は現在の戸木小学校付近で、小学校敷地内に城址碑が建ち、昭和初期には土塁も残存していたといわれる。現在は道路になっている空堀跡も残る。十一月には秀吉と信雄の和議が成立し、実質的には信雄の降伏により戸木城は開城となる。氏郷は自領を平定し、木造氏の旧臣のうち勇士を召し抱えたといわれる。三月から始まった小牧・長久手の戦いも十一月の和議による信雄の戦線離脱で、家康も三河へ帰国して終結した。

口佐田城《くちさた》・奥佐田城《おくさた》（三重県津市）

築城時期●不明　**築城者**●不明（口佐田城主　吉懸入道・奥佐田城主　堀山次郎左衛門の記録あり）
城の分類●平城（口佐田城）山城（奥佐田城）

氏郷が南伊勢十二万石の所領を得て松ケ島城に入城した頃、木造氏の他にも雲出川上流に小倭衆《こやまと》という氏郷に従わない一派があった。小倭衆というのは、近江の甲賀郡中惣のような郡単位の自治組織で同盟関係の集団だったようだ。『氏郷記』には「小山戸六十六郷の者共信雄の御為めに、一揆を発し二箇所に城郭を構へて楯籠る由」とある。これが口佐田城（平城）と奥佐田城（山城）で、氏郷は九月数千騎を率いて小倭表に駆け向かった。険難な山道に敵兵の隠れ潜む危険なところがあって、軍兵たちが尻込みしているとき佃又右衛門という侍が進み出て、「敵の姿をみる前におじけづいてどうするのか。まず自分が道案内をしよう」と言って先に立った。すると敵は現れず無事に通り過ぎて、城際まで押し寄せることができた。また青地庄司という元信長の家来で、その後氏郷に仕えた家臣が押し寄せた攻め口に、敵が大勢討って出てきた。氏郷は青地を助けよと命令したので、大勢の将兵が駆けつけ切り倒した。六十余の敵の首を取ったが、和田亀寿丸・岡田団兵衛・外池楽次らの氏郷の近臣も討ち死にした。さらにもう一つの城に押し寄せ取り囲んでいると、元伊勢国司の二男で伊賀に潜み住んでいた北畠具親が、氏郷に使者を送って、「この城中の者どもは私の言うことは聞くはずだから、和を整えましょう」と言ってきたので氏郷も承諾した。具親は和議を結ばせて、城を開城させた。

これが『勢州軍記』などの記録によると、氏郷が小倭を攻めたのは八月で『氏郷記』とは一か月のずれがある。『氏郷記』は戸木城の月夜の攻撃を八月とし、小倭攻めを九月としており、戸木城攻めと小倭攻めの時期が双方で逆転している。この理由は、並行して二つの戦を行っていた時期があったためかもしれない。また『氏郷記』では、はじめに山城を攻めたような描写になっているが、『勢州軍記』等では、まず口佐田（平城）を攻め、城主吉懸入道を蒲生の士八角《やすみ》内膳が討ち取ったとされ、次に奥佐田（山城）は上坂左文・坂源左衛門・関勝蔵らが先手として攻撃し、北畠具親の仲介で奥佐田城主堀山次郎左衛門が開城して降伏したので、小倭は平定されたとしている。

佐田遺跡は三重県埋蔵文化財センターが平成十年（一九九八）度に発掘調査を実施してお

り、建物や井戸跡が見つかり周辺に寺院が存在したことも明らかになった。現在口佐田城址辺りは、遺跡は残らないが、山城の奥佐田城址は約七〇メートルの比高の丘に二段になった土塁に囲まれた郭跡が残る。北側土塁の先は急峻な崖状地になっており、南側には虎口もある。下の口佐田城に城館があり、奥佐田城は詰城的な役割をしていたのかもしれない。

秀吉天下統一へ各地を転戦

積善寺城《しゃくぜんじ》（大阪府貝塚市）

築城時期●永禄元年（一五五八）　**築城者**●根来衆　**城の分類**●平城

この時期、長島や北陸の一向宗とともに強大は勢力を持つ宗教軍団が紀州根来・雑賀である。はじめ信雄・家康は、秀吉を大坂に牽制する目的で紀州の根来・雑賀衆を誘った。根来衆は真言宗根来寺の僧兵で強力な鉄砲隊を持ち、雑賀衆は一向宗門徒で石山本願寺一揆の主戦力だった。泉州・紀州には根来衆の寺院と地主層が強く結びつき、強力な勢力を持っており、その権益をめぐり秀吉と対立する。天正十三年（一五八五）秀吉は紀州攻めの命を下し、三月二十日に先陣が大坂を出発、二十一日に秀吉自ら出馬して岸和田に入城した。根来・雑賀衆は、現在の大阪府貝塚市にある中村・沢・畠中・積善寺・千石堀の出城に立て籠もり、秀吉軍の紀州侵攻を食い止めようとした。氏郷は細川忠興とともに積善寺城を攻めた。『氏郷記』には積善寺城の他に「氏郷は田中の城を取巻きけり」と書いてあるが、このあたりに田中という城はなく、畠中の誤りではないかと思われる。秀吉軍は十万人を超える圧倒的な兵力をもって三日程ですべての城を落城させたとされる。

しかしルイス・フロイスの『日本史』では、「城兵は善戦して秀吉軍の約三千人を殺し、退却せしめた。秀吉は人も動物も一切助命せず悉く火と鉄とにまかすべしと厳命したので、人と犬や馬も脱出せず、六千人以上死んだ」と書かれている。また貝塚市教育委員会の現地に掲載されている文書では、「積善寺城は出原右京を大将とする総勢約九千五百の根来衆が籠もっていたが、千石堀城など他の城が次々と陥落する中、秀吉方の激しい攻撃にも耐えて最後は貝塚寺内の卜半斎了珍《ぼくはんさいりょうちん》の仲介により和議開城した」と書かれている。根来衆は強力な鉄砲隊を持っており、秀吉軍も苦戦したことは十分想像できる。

積善寺城は根来衆が永禄元年(一五五八)三好氏との抗争の際築いた城で、秀吉軍との戦いに備え、防御施設をより強固にしたと考えられる。江戸時代後期に和泉国で書かれた『春生随筆《しゅんせいずいひつ》』という書物では、城の規模は東面約一四一メートル、西面約一六九メートル、南面約二一八メートル、北面約二四〇メートルの四方の本丸に、二重・三重の濠をめぐらし、本丸と東西南北に櫓を備えていたという。城域は現在の貝塚中央病院から近木川《こぎがわ》を挟んだ対岸の貝塚市橋本一帯で、安楽寺付近が本丸と推定される。貝塚市では平成十五年(二〇〇三)度に二回、平成十六年(二〇〇四)度に一回発掘調査を実施、積善寺城の堀と考えられる遺構が発見され、幅六メートル以上、深さ一・八メートルのV字形に掘り込まれており、石垣は備えていないことが確認されている。平成十五年度の調査で発見された堀は城の南面に設けられた堀と考えられ、下層からは平瓦も出土したが、籠城戦などに関連のある遺物は出土していないということである。落城後に防御施設は取り壊され、この時の堀も埋め立てられたと考えられている。

富山城（富山市）

築城時期●天文十二年（一五四三）　**築城者**●神保《じんぼ》長職《ながもと》　**城の分類**●平城

小牧・長久手の戦いは尾張・伊勢だけでなく、各地で秀吉方と信雄・家康方の二大陣営による局地戦が行われた。北陸では加賀前田の秀吉方と越中富山の佐々《さっさ》成政《なりまさ》との争いがあった。天正十二年（一五八四）八月、信雄・家康方についた佐々成政は、秀吉方に立つ前田利家の末森城を攻撃、越後の上杉景勝とも敵対していたため、二面作戦を強いられ苦戦が続いた。秀吉も家康と対陣している時であり、越中まで出馬することはできなかったが、小牧・長久手の戦いも終結し、天正十三年六月に四国の長宗我部を秀吉方に降服させ、七月には関白に就任、秀吉に下った信雄を総大将として越中攻めを決断する。八月四日信雄が出陣、六日には加賀鳥越で前田勢と佐々勢が交戦を開始、七日秀吉も出陣した。

この時、氏郷は五番手として三千人の兵を率いて出陣したことが当時の陣立書に残っている。八月十九日、加賀国津幡から越中に入った秀吉軍は攻撃を開始し、国内の要所を放火して富山城を包囲した。秀吉軍の十万といわれる圧倒的な兵力を前にして成政は戦意喪失し、八月二十六日信雄を介して降伏を申し入れ、秀吉は成政を助命して妻子とともに大坂城に移した。

佐々成政は尾張出身で信長に仕え、氏郷と同じように柴田勝家の与力として戦功を挙げる。天正十年(一五八二)富山城主として大規模な城の改修を行ったが、本能寺の変の時は上杉軍と戦い身動きが取れず、清須会議後は勝家方についた。そして小牧・長久手の戦いでも信雄・家康方につき、秀吉に対抗する。和議成立後、停戦しても厳冬の北アルプス立山山系を自ら越えて浜松の家康に再挙を促した「さらさら越え」を行ったといわれるが、真偽は不明だ。その後九州征服で功を挙げたことで肥後の領主となるも、国人一揆を鎮めることができず、秀吉から失政の責めを受け切腹を命じられる。

富山城は神通川の流水の流れを城の防御に利用した「浮城」の異名を持つ難攻不落の城で、秀吉も得意の水攻めを考えたといわれる。戦国期の神通川は富山城の北側を流れていたが、明治以降の改修工事によって現在の流れになった。佐々時代も現在の模擬天守が建つ場所に富山城があったことが、発掘調査で明らかとなった。富山市では何度も発掘調査が実施されているが、平成二十三年（二〇一一）に実施された発掘調査報告書によると、西側と北側で寛文期の富山城西ノ丸範囲を解明する重要な堀跡を確認したという。中世の富山城は何度も城主が変わり、佐々時代の富山城がどんな城だったかは不明だ。慶長二年（一五九七）、前田利長が一時富山城に入り翌年金沢城主として移るが、慶長十年（一六〇五）利長が隠居し、再び富山城に入ることになり、この時富山城は近世城郭として整備される。しかし慶長十四年（一六〇九）、大火に見舞われ富山城は焼失して、利長は魚津城を経て高岡城に入城、その後再建されず元和元年（一六一五）一国一城令により、富山城は廃城となる。寛永十六年（一六三九）前田利次が父利常から十万石を分与され富山藩が成立、翌年入城する。寛文元年（一六六一）天守土台石上に櫓建築を計画し、幕府の許可はおりたが実際には天守や櫓は建てられなかった。明治六年（一八七三）廃城令により、富山城は廃城される。

発掘調査では西側に幅四・六メートル、深さ〇・八メートル、北側で幅三・〇メートル、深さ〇・九メートルの堀跡が発見されたが、石垣はほとんど使われず、土塁で囲まれた城だったようである。しかし富山市では平成二十六年（二〇一四）に完成した公園整備事業により、本来は土塁だった部分に石垣を新造するなど、本来の歴史的な景観とは全く異なる様相を呈することになった。昭和二十九年（一九五四）、富山博覧会記念では全く架空の模擬天守が建てられ、富山市郷土博物館として運営がされた。現在の富山市を象徴する景観となっているということで、この建物は国の登録有形文化財となった。

岩石城《がんじゃく》（福岡県田川郡添田町）

築城時期●不明（源平時代の説あり）　**築城者**●不明（平清盛が築いたという説あり）　城の分類　●山城

天正十三年までに中国の毛利輝元、四国の長宗我部元親も秀吉に従ったので、秀吉は九州の攻略を考えていた。天正十四年（一五八六）四月、豊後の大友宗麟が島津の豊後侵入を訴え、島津討伐を秀吉に請うたのを機に、九州討伐を決意した。天正十五年（一五八七）正月、秀吉は九州侵攻を諸大名に伝え軍令を下した。日向方面軍総大将を弟秀長とし、肥後方面軍は秀吉自ら総大将として三月一日に大坂を発した。

氏郷は肥後方面九番隊として出陣した。最初に秋月氏の支城岩石城を攻めた。四月一日、先陣は氏郷が二千の兵で大手口を、前田利長が三千の兵で搦手口を攻撃した。氏郷は軍奉行に左一番上坂佐文・右一番谷崎忠右衛門・左二番本多三弥・右二番横山喜内と定め、この四人に戦闘行動の采配を命じていた。厳命したこととして、抜け駆けは勇ましいがそれで味方の勢いが乱れては必ずしも利益とはならないので、独り抜け駆けすることを厳禁していた。ところが、本多三弥が戦線から飛び出して真っ先に戦いを挑んでいったので、これを見た上坂佐文・横山喜内も本多に遅れじと、駆け出して塀際まで攻め寄せても み合った。これを知った氏郷は使いを走らせ、三人を打ち連れて引き返させ叱責した。また先鋒を承った坂源次郎は一番に攻め上り、城中に吹貫《ふきぬき》(戦国時代に軍陣で用いた旗の一種で長い布を輪にして竿をつけたもの)を立てた。その吹貫は矢弾に射られ、網の目のようになっていたが、これをものともせず軍兵を励まして前進した。それに寺村半左衛門、前田の兵太田喜籐次・松平九兵衛らも続いて攻め入った。これを見た岡左内・岡田半七・西村左馬允らの氏郷本陣の兵も法度を破って攻め入り敵の首を取った。岡左内は討ち取った敵の首を氏郷に見参に入れたが、氏郷は今ここで誉めたら軍法を破って先駆したものを許すことになり、乱れのもとであると考えてこれを無視した。岡左内は敵の首を氏郷の方に投げ捨てて、敵陣に駆け戻っていった。激しい戦いとなり、攻め手は敵の城中に攻め込み、城方は二の丸も破れ本丸も落ちて塀を乗り越えて逃げたが追撃されて、氏郷・利長隊の討ち取った首四百余が秀吉に見参され、城は一日で落城した。

秀吉はただちに氏郷・利長に感状を与え、戦功のあった坂源次郎に金子百匹・羽織一枚、寺村半左衛門らにも金子や羽織が与えられた。氏郷も部下の者たちに賞罰を行ったが、規律違反をして先駆けをした本多三弥は勘当、岡左内・岡田半七・西村佐馬允らは暇を出して牢人させ、軍紀の厳正さを徹底した。岩石城は強固な山城で、島津方の秋月氏が自信を持っていたが、わずか一日で落城したことで島津方の戦意を喪失させ、この一か月後に秀吉に降伏する。秀吉はこの時すでに朝鮮出兵を考えており、早く国内を統一したかった。そのために最強の武将である氏郷と利長に先陣を命じて、難航不落といわれた岩石城を真っ先に攻撃させて島津を片付けたかったのだろう。氏郷は秀吉の狙い通り一日で落城させたのである。

岩石城は福岡県田川郡添田町の東側、標高四四六メートルの花崗岩からなる岩石山に築かれた山城で、源平時代に築城されたとも伝えられる。名前の通り国見岩・獅子岩などの強固な岩盤に囲まれた城で、岩石群のある尾根の下方には花崗岩の石組の井戸が残る。また馬場跡の北側と南側には石垣が残り、登城道の途中に柵の一部と思われる柱穴がある。天守台には東屋が建っているが、山頂から南東側に伸びる尾根群には連続堀切や大堀切を挟んで曲輪が連なり、強固な防御体制が備わっていたことが分かる。

小田原北条攻め

韮山《にらやま》城（静岡県伊豆の国市韮山）

築城時期●明応二年（一四九三）　**築城者●**伊勢宗瑞（北条早雲）　**城の分類●**山城

島津を攻め落とし九州を平定すると、秀吉に従わない有力武将は、関東の北条氏政・氏直父子と東北の伊達政宗だけとなった。機会をうかがっていた秀吉は、真田昌幸が領する上野国の沼田領三分の二を北条氏直に与え、真田昌幸の名胡桃領三分の一を昌幸に安堵するという裁定を北条が破り、名胡桃城も占領した上に、北条が上洛するという約束を反故にしたことで、北条討伐の名分を得た。天正十七年（一五八九）十一月、秀吉は来春を待って北条を討伐することを決め、徳川・伊達などの諸将に出陣の準備を命じた。翌天正十八年二月、家康・氏郷らは東海道を、上杉景勝・前田利家らは東山道を東に進んだ。氏郷は二月七日に松坂を出発した。秀吉は北条勢が山中と韮山の二城を箱根の西の関門としていることを知り、羽柴秀次に山中城を、織田信雄に韮山城を攻撃させた。氏郷は細川忠興・福島正則らとともに韮山城攻めに加わった。この韮山城というのは、後北条氏の始祖伊勢宗瑞（北条早雲）が韮山の堀越公方を攻め、伊豆に進出した時に整備して自らの本城とし、氏綱に家督を譲り小田原城に拠点を移した後も、隠居城として居住した城である。いわば北条氏の聖地ともいえる城であり、早雲により戦国時代が始まり、北条氏の滅亡をもって戦国時代が終わったともいわれる、まさに戦国の城だ。

氏郷は松坂から出陣する前に、それまで使っていた熊毛の棒の馬印を改め、佐々成政の武勇にあやかるため、以前成政が馬印としていた「三階菅笠《さんかいすげがさ》」を用いるよう秀吉に願い出て許された。またこの戦で討ち死にすることになるかもしれないと考え、絵師を呼んで白綾の小袖を着て、左手に扇子・右手に楊枝を持った姿を描かせ、菩提寺である日野の信楽院に納めさせて、決死の覚悟を決めて出陣したと『氏郷記』に書かれている。三月二十九日早朝から韮山城攻めを開始、城主は北条氏政の弟氏規で、氏郷の家臣蒲生郷可《さとよし》は城中から放たれた鉄砲の弾で股を撃たれたが、道端で一息入れてこの弾を掘り出したという。しかし、韮山城は堅城で包囲持久戦となり、秀吉は韮山城攻略を四国勢らに任せて、信雄・氏郷・信包・忠興の四将を小田原本城攻めに移動させた。

韮山城はこれまで二十一カ所で発掘調査が行われ、堀・屋敷地などの城に関する遺構が検出されている。特に堀は十カ所の調査地点で確認され、現況で確認できる堀もあり、本城の東・西・北側では二重ないし三重の堀が巡っていたことが明らかになっている。時代の変遷によって堀も変化しているので、氏郷が出陣した時点の堀の状況は不明だが、三の丸の北東側の堀は十六世紀中葉以前に掘られたことが確認できるという。居住空間についても大量のかわらけが出土するなど、推定できる地点が明らかになっている。陶磁器も古い時期のものが多く発見されているとのことであるが、調査地点が北側の低地部分に偏っており、本城やさらに南側の本城より高所にある天ケ岳の遺構の発掘調査はされていないので、明らかにはなっていない。一方秀吉軍の攻め方をみると、韮山城の背後にある天ケ岳の東側に向い合う尾根の先端部に、付城を築いて敵と睨み合う作戦をとっている。これは、これまで氏郷が信長に仕えて出陣した鯰江城攻めでもみたように、井元城を付城として築いて攻める戦法と同じで、信長の戦法の特徴である。秀吉もこれを受け継いで、小牧・長久手の戦いで氏郷に田中砦に陣を置かせ、戸木城でも四つの付城を作っており、北条攻めでもこの作戦を取った。付城には蜂須賀家政や福島正則など誰がどこに陣を置いたのかが分かっている。氏郷は短期間の在陣で小田原本城攻めに移動したので、陣を置いた場所は不明だが、『氏郷記』には「土手を築き寄せ寄せ」と書かれており、砦を築きながら進軍して行ったと考えられる。

氏郷は松坂を出る前からこの戦は命がけの戦だと考えており、軍規・軍律についても一層厳しくした。氏郷自身の鯰尾の兜を持たせた侍に場所を指定し、ここを動くなと厳命しておいたのに、見回りから戻ってみるとその場にいなかったので、見せしめとして氏郷自ら手討ちにした。これをみた諸兵たちは大いに恐れて、軍規に違反してはならぬと厳しく戒めあったという。この時の秀吉の軍勢は二十万人を超えるともいわれ、この巨大部隊の統制を取るために秀吉が申し付けた厳命を受けて、氏郷は軍制の厳格化を図ったと思われる。

小田原《おだわら》城（神奈川県小田原市）

築城時期●十五世紀中頃　**築城者**●大森氏　**城の分類**●平山城

氏郷ら四武将は秀吉の命により、韮山城から小田原城の包囲陣に加わった。三月二十九日に韮山城攻撃が開始され、四月五日には移動の命が出ている。包囲陣は秀吉の本陣を石垣山に敷き、小田原城の東側に徳川家康、城の北側は織田信雄・氏郷・羽柴秀勝・羽柴秀次が、東から西方向に展開した。西側は宇喜多秀家ら、南側は堀秀政ら、そして相模湾上には九鬼嘉隆らの水軍が取り囲むという陣形で包囲した。諸隊はそれぞれ地形に応じて砦を築き、堀・土塁・塀・柵を巡らし、半永久的な陣地を作った。秀吉は力づくで攻める気はなかったようで、この包囲陣で長期戦に持ち込もうとした。この時の各武将の陣跡がどこにあったかは地図が残っており、氏郷は荻窪山と呼ばれる舌状丘陵に陣を置いたといわれる。小田原市役所を北西方向に行った小田原厚木道路の近くで、筆者も氏郷の陣跡と思われる場所へ歩いて行った。眼下に小田原城を見下ろせる丘陵地で、現在は茶畑や果樹園などの耕作地になっている。氏郷もそこに砦を築き包囲したのだろうが、大規模な攻防はなかった。

氏郷は伊賀の忍者を使って敵方の様子を探らせていたが、五月三日になって、伊賀忍者の頭の町野輪之丞がこっそり忍び入り偵察すると、敵の大軍が夜襲の準備をして討って出ようとするところだった。町野は矢を射かけ、反転して氏郷に急を告げた。その夜、見張り番は関一政で氏郷の本陣には、蒲生郷可・上坂源之丞らがいた。北条方の寄せ手は岩槻十郎を武者大将として、子の刻(夜の十二時頃)に夜襲をかけてきた。不意を衝かれた蒲生勢は備えを固める暇もなかったが、蒲生源左衛門・門屋助右衛門・蒲生忠右衛門らが踏み留まって防戦した。急場のことで兜持ちもいなかったので、氏郷は北川平左衛門尉の兜をつけて、蒲生郷可・上坂源之丞らが付き添った。主従五人が一団となって突撃、氏郷は首を取らず突き捨てるように指示し、蒲生郷可は大勢の味方がいるように大声をあげて突き進んだ。そのうちに非番の田丸具直や氏郷の旗本も本陣に馳せ付けたので、敵もたじろぎ、慌てて城中に退却した。秀吉から氏郷の家来に羽織などの褒美を賜ったと『氏郷記』

に書かれており、小競り合いの夜襲戦だったが、氏郷は力戦して士気を鼓舞したと評価されたのだろう。

秀吉は持久戦に持ち込む意志を固めていたので、諸将に妻妾を呼び寄せることを許し、自らも淀殿を呼び寄せ、利休ら茶道の者も呼んで、士卒の慰労も心がけた。関東・奥州の諸将のうちでも小田原に来て服従する者も多く、様子見をしていたので参陣が遅れた伊達政宗も六月になると秀吉に謁見が許された。その間に秀吉は、小田原の兵を割いて岩槻・鉢形などの支城を攻め落とし、ついに北条一族の中に降服する者も現れ、七月五日小田原を開城して北条氏政は切腹、氏直は高野山に追放されて、北条氏は滅亡した。

小田原城は、室町時代に大森氏が築いた山城を初代早雲が攻め取り、城を築いてから五代約百年間にわたって関八州を掌握する本城として拡張された。その間、上杉謙信や武田信玄が包囲しても撤退を余儀なくされた。小田原城は大外郭と呼ばれる他の城に類を見ない巨大な総構の土塁と堀が築かれた、強固な防御体制を持つ城である。総延長九キロメートルに渡って深さ五メートルの堀に五メートルの土塁が築かれ、一〇メートルの絶壁が城下町まですっぽり取り囲んでいた。城の西側の小峯の丘陵には土塁と大堀切が残っており、堀の幅は一五メートル・深さ一〇メートルに及ぶ。氏郷が砦を築いた荻窪山の近くにも、城下張出という横矢掛りが四角く張り出したような構造の総構の遺構が残る。氏政は過去に謙信や信玄を追い返したこともあり、秀吉も撃退できると思っていたのだろうが、二十一万とも二十二万ともいわれる巨大軍勢の前には太刀打ちできなかった。上杉軍や武田軍は兵農未分離だったので、長期間の遠征が不可能だったが、秀吉軍は専業武士集団で、大船で米を送ったり兵糧の補給路も確保できたので、長期滞陣が可能だった。そして小田原城を見下ろす高台には付城を作り、秀吉の本陣は一夜城の異名もある石垣山城を築き、心理的効果も狙って北条氏を追い込んだ。戦のやり方が他の武将とは全く違っており、この戦に勝利したことで秀吉は全国統一を成し遂げ、氏郷はこの戦功により会津四十二万石を拝領して、奥州へ向かうことになる。

秀吉朝鮮出兵

肥前名護屋城《なごや》（佐賀県唐津市鎮西町）

築城時期●天正十九年（一五九一）　**築城者**●豊臣秀吉　**城の分類**●平山城

天正十八年（一五九〇）七月小田原城落城、八月に氏郷は会津・仙道四十二万石を与えられ会津黒川へ移封する。奥州の一揆を鎮圧して天正十九年、石高七十三万石に加増され、天正二十年（一五九二）には黒川を若松と改め、会津若松城の築城に着手した。北条氏を滅ぼし、奥州も氏郷が鎮圧したので、秀吉は全国統一を成し遂げ、さらに休む間もなく中国大陸へ向けて兵を発する準備にとりかかった。天正十九年十月、秀吉は明国への渡航基地として肥前国に名護屋築城を開始する。

天正二十年、秀吉の命により名護屋城への出陣が始まる。『氏郷記』によると、氏郷は夏ごろ会津から上洛したと書かれている。その行軍経路は、白河を越え下野の国に入り那須・佐野、浅間山を見て信濃国の木曽、美濃の垂井を通って近江の国に入ったと書かれている。そして各地で和歌を詠み、近江ではここはわが生国なので故郷を大変なつかしく思うと言って「おもいきや人の行くえぞ定めなきわがふるさとをよそに見んとは」と詠んだ。程なく京都に着き、京都から名護屋城に向かった。

秀吉は一足早く華やかに軍装を整え、四月二十五日名護屋に到着している。加藤清正ら第一部隊はすでに渡鮮し、開戦してしばらくのうちは朝鮮半島を席捲した。朝鮮へ渡ったのは清正ら主に九州の大名で、氏郷は朝鮮には渡らず後備えを務めていた。渡航した兵の数は十五万人を超え、名護屋城のまわりには全国の大名が陣所を設けて、現在陣跡が確認されているだけでも百三十カ所にのぼり、全体の兵の数は三十万人に及んだといわれる。五月三日には、漢城《はんそん》（現ソウル）を占領するなど朝鮮軍を圧倒したが、次第に快進撃は止まり朝鮮水軍との海戦で敗れ、兵糧の補給路の確保も難しい状況になった。秀吉は氏郷や前田利家などを朝鮮へ派遣することも検討したが、渡海することはなかった。その間のことは最上義光の書状の中で「我々の渡航はないようだ。蒲生殿にたずねたら、食糧が不足しているので渡海は見送られたらしい」とあり、氏郷が秀吉の側近にあって機密事項を知っていたことが分かる。

秀吉も母の大政所の看病のため大坂に帰ったり、文禄二年（一五九三）八月に淀殿が出産したのでまた帰坂したりで、文禄の役は講和交渉に入り自然休戦となった。『甫庵太閤記《ほあんたいこうき》』には秀吉は、名護屋での長期滞陣を慰めるために、茶会を開いたり、能を興行したり色々と趣向を凝らした催しをしたと書かれている。その中で、ある時諸大名に物売りの仮装をしてその面白さを競わせるという「戦国武将のコスプレ大会」を行ったという。秀吉は瓜売りに、家康はあじか(木製のザル)売り、氏郷は担い茶売りになって秀吉に極上の茶を飲ませ、さらにおかわりも勧めて評判もよかったと記されている。

名護屋城があるのは佐賀県の北西部、東松浦半島の北端に位置し、一帯は上場台地と呼ばれる波状形卓状台地で、その台地が玄界灘に突出した波戸岬の付け根の丘陵上に築かれている。築城以前は松浦党の家臣の居城があったとも伝えられるが、一寒村であったと思われる。ここには名護屋城を中心に半径約三キロメートルの圏内に、全国の諸大名の陣跡が点在しており、氏郷の陣跡の所在地も分かっている。

名護屋城は、当時大坂城に次ぐ規模の本格的城郭で、氏郷が会津若松城築城の時に参考にしたともいわれる。昭和四十年(一九六五)頃に「肥前名護屋城図屛風」が発見され、当時の城や城下の様子が描かれている。また昭和六十三年(一九八八)度から名護屋城跡山里口石垣修理が行われた。名護屋城の北東に位置する山里丸は、茶室や能舞台があり、氏郷も秀吉に呼ばれた曲輪だった。山里口は上山里丸へ通じる虎口にあたるところで、すべて石垣によって構築されている。発掘調査によると、郭門と考えられる門の礎石や上山里丸へ通じる石段などを検出し、通路部分では一の段から三の段までに玉砂利が良好に残存していた。また三の段の埋土最下層から初期伊万里の磁器類と、その他の層から多量の陶器・磁器・瓦片などが出土している。山里口の虎口を形成する石垣は、いずれも野面積みとみなされ、中段以高に巨石を使用しており、文禄期の特徴を示すということである。石垣隅角部は規格性のない割石と長石とをまじえた算木状に積むが、算木積みは未完成だ。名護屋城は全体を総石垣造りで築城されたが、人為的な破壊痕跡が残る典型的な破城された城である。元和元年（一六一五）一国一城令の施行時に破却が進んだと考えられるが、寛永十五年（一六三八）島原の乱鎮圧後、徳川幕府が内乱時の再利用を警戒して、さらに破城行為が本格化したという見方もある。

秀吉が大坂に帰着した文禄二年の八月ごろに、氏郷も上方に帰っている。九月には秀吉より二千石を賞与され、氏郷の娘籍が秀吉の命により前田利家の二男利政と祝言を挙げるという慶事もあったが、この時すでに氏郷の身体は病に冒されていた。この年の十一月会津に戻った氏郷は、翌文禄三年正月再び上洛する。秀吉の伏見城築城は着々と進み、氏郷も伏見に邸宅を構え、四月には秀吉を迎える御成が行われた。また会津領内の検地を行わせた結果十八万石の出目があり、氏郷の領地は九十二万石となり、徳川家康・毛利輝元に次ぐ全国三番目の大封となった。しかし、こうした間にも氏郷の病気は進行して行った。『氏郷記』によると、「今三年命恙《つつが》なくて在《まし》まさば、高麗《こうらい》へ國替の筈なり。朝鮮國を御意に懸けられ候様にとの目安を作りて、懸硯《かけすずり》に入れ置かれしとなり」と書かれている。

登城 MEMO ②

氏郷が秀吉時代に出陣した肥前名護屋城

名護屋城跡観光案内所へ行き、「蒲生氏郷の陣跡へ行きたいのですが」と尋ねると「蒲生氏郷は近江日野城でしたね」と返事が返ってきた(よくご存じだなぁ)。陣跡地図で場所を確認して、レンタサイクルで玄界灘の風に吹かれながら氏郷の陣跡に向かった。人家に入って「蒲生氏郷の陣跡はどのあたりですか」と聞くと「その人の名前は知らないが、真田幸村の陣跡はよく聞かれます」と言われた(知名度はそんなものだろう)。しばらく行くと陣跡に着き、氏郷の陣跡は真田昌幸の陣跡の隣の小高い山にあることが分かった。武将の説明文が書かれた掲示板があり、真田昌幸と並んで氏郷の説明が書かれていた。

名護屋城跡平面図

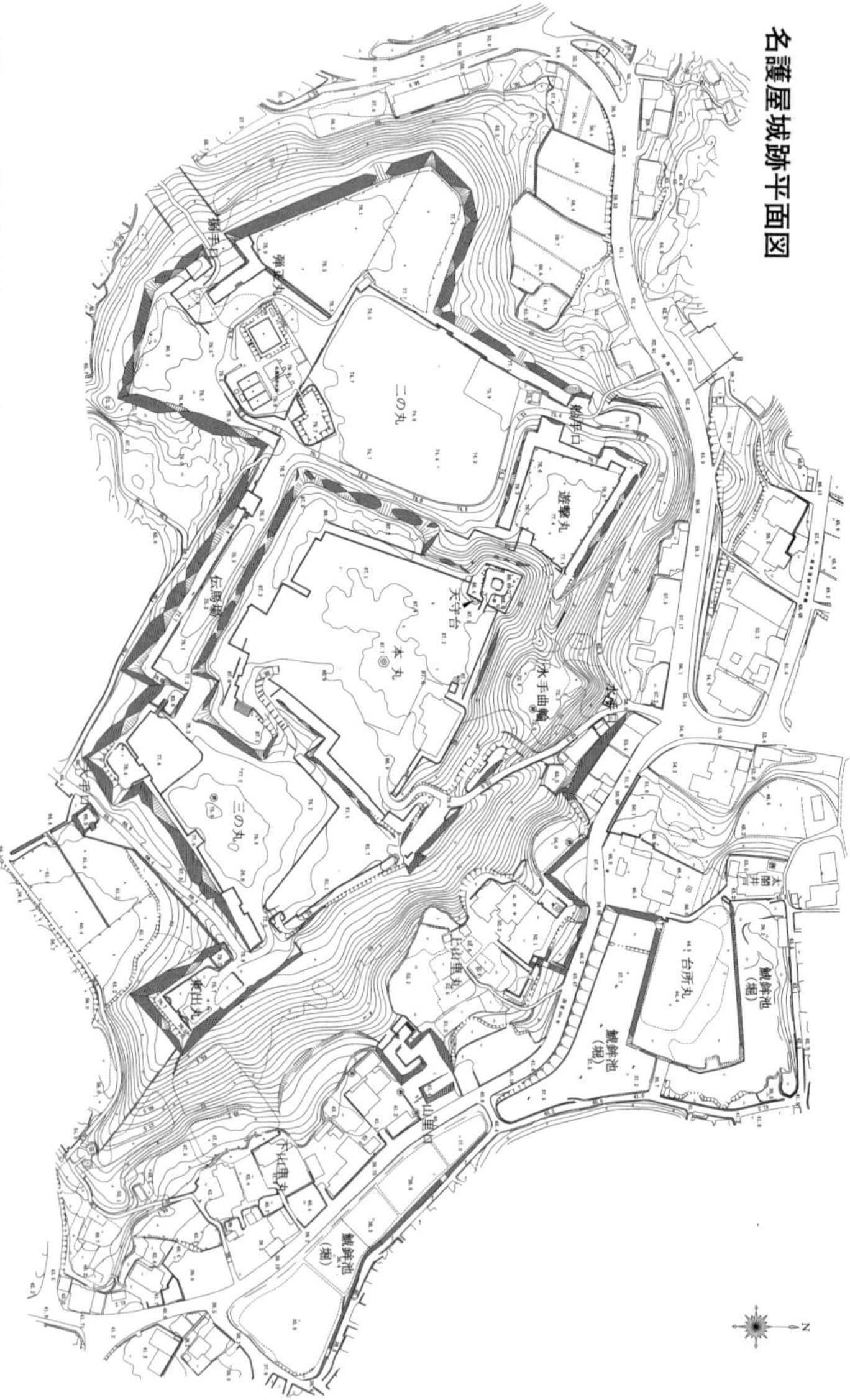

佐賀県立名護屋城博物館編2020『名護屋城跡―鯱鉾池―』
（佐賀県立名護屋城博物館調査報告書第16集）

第四章 氏郷が攻めた奥州の城

九戸城南堀の本丸と二ノ丸を隔てる石垣

氏郷が攻めた奥州の城

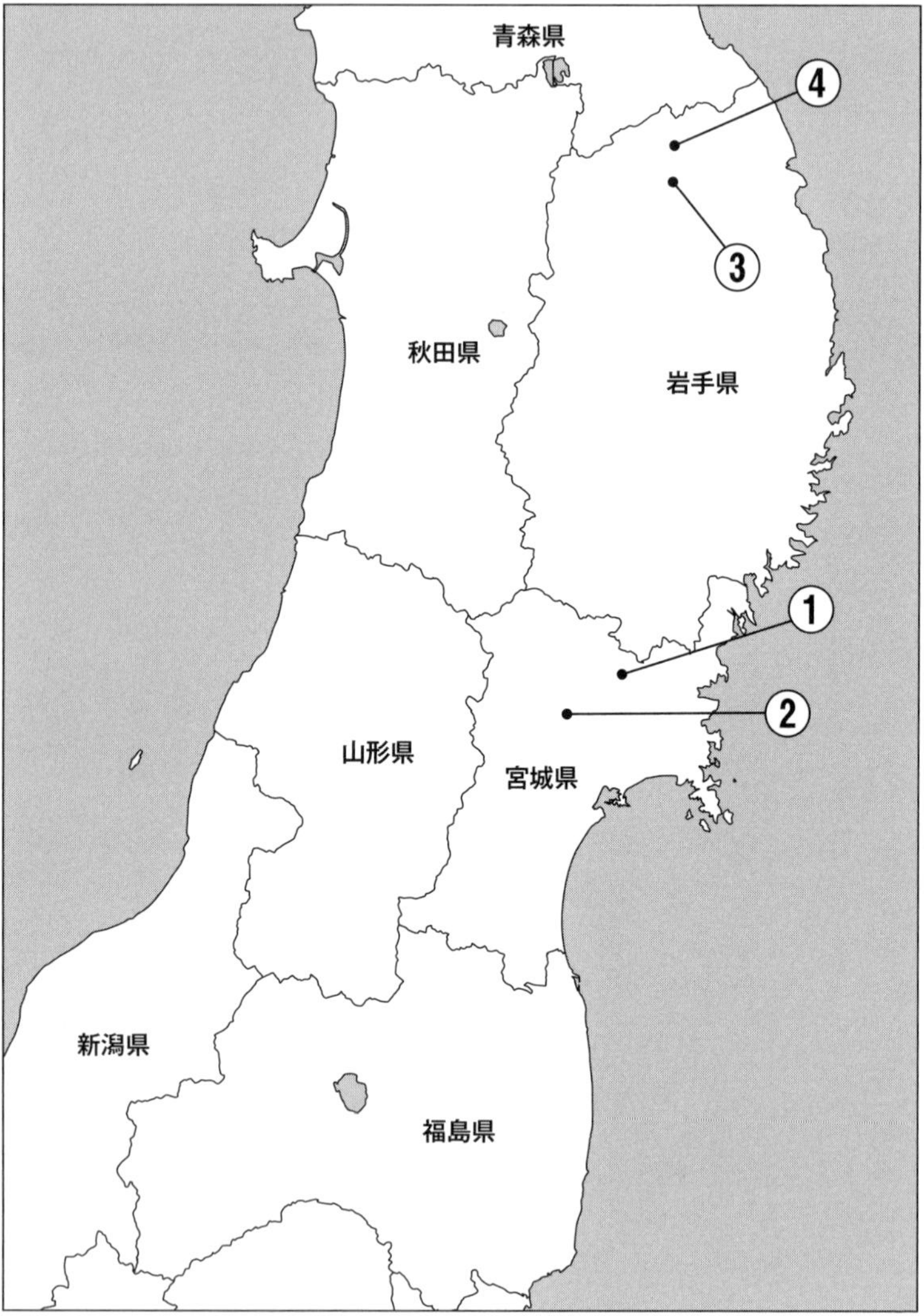

① 佐沼城

宮城県登米市迫町

東側を流れる迫川沿いの丘陵地で西側は鯛沼と呼ばれる沼地。中世から葛西氏と大崎氏の係争地で、10世紀頃大崎氏の家臣が堀や土塁を築いた。本丸には「秀吉の将蒲生氏郷に攻略され葛西氏は亡びた」と書かれた石碑が建つ。

② 名生城

宮城県大崎市

7世紀に名生館官衙という古代の役所があった場所。中世大崎氏の居城となり、天正18年氏郷が攻め落とした。大館・内館・軍議評定丸など七つの郭があり、軍議評定丸の跡地には土塁の遺構が残る。

③ 姉帯城・根反城

岩手県二戸郡一戸町

姉帯城は東西二つの館から構成され、断崖の下を馬淵川が流れる。東館と西館の間に大堀切がある強固な山城。根反城は根反川の右手の丘陵地にある。ともに九戸城の支城で、氏郷が九戸一揆制圧のため出陣して落城させた。

④ 九戸城

岩手県二戸市福岡

三方を川に囲まれた段丘上に築かれた九戸城に、氏郷が豊臣方討手大将として3万の大軍を率いて攻撃した。落城後氏郷は本丸・二の丸を改修して、野面積み石垣や桝形虎口など近世城郭に作り変えて南部氏に引き渡した。

葛西大崎一揆

葛西大崎一揆とは

『氏郷記』では、七月五日北条氏直が秀吉に降伏し、小田原城を開城すると、秀吉は七月十四日には小田原を立ち、陸奥に向かっている。秀吉は氏郷を先陣に立て、八月中旬には木村吉清に命じて会津の伊達政宗の居城を受け取らせている。そして八月十七日、会津六郡、仙道六郡、合計十二郡、四十二万石の知行を氏郷に与えることを宣告している。八月二十日には早くも秀吉は会津を立ち、九月上旬には京都に帰った。

伊達家の記録では、小田原落城前に木村吉清・浅野正勝に黒川城の請け取りにあたらせたとなっているが、いずれにしても木村吉清が政宗の秀吉帰服の仲立ちの役目を果たし、すんなりと伊達政宗から黒川城を請け取ったことが、それまで五千石の知行と三百の兵しか持たなかった木村吉清に、葛西大崎の旧領三十万石という破格の領地を秀吉が与えた理由であろう。秀吉は木村吉清に、氏郷を親のように頼りにしてその指示に従い、上洛する必要もないと言っているので、氏郷の与力のような存在だった。しかし厳しい検地と刀狩りを強いられた百姓と領地を没収された葛西大崎の旧臣が合体して一揆を起こす。十月下旬に一揆勢は、木村吉清の家臣成合平左衛門が拠る佐沼城を取り囲んだ。木村父子はこれを救援するため佐沼城に向かうも、その間に吉清と息子清久の居城を一揆勢に攻め落とされ、木村父子は救援に向かった佐沼城に閉じ込められてしまった。

十一月五日、木村父子救済のため氏郷は会津城を出発、伊達政宗にも使いをやり道案内を依頼した。大雪の中を猪苗代城、二本松城に泊まりながら進軍、領内の各家は氏郷勢に宿も貸さず、薪や敷物も出さないので、雪の中を野宿した。十一月十七日、政宗領と一揆勢の領地との境界黒川郡前野に陣を取る。そこへ政宗から氏郷へ使者がきて、「明日はいよいよ敵の領分に入るが、お茶でも差し上げたい」という話をした。十八日の朝、政宗の茶庵に行きお茶を飲むと、氏郷は毒飼いされたと推量して西大寺という解毒剤を飲んで吐き出したと『氏郷記』に書かれている。茶席を出ると、氏郷は六千の兵を四段の陣立で発進した。政宗勢は一万五千の兵がいたが、政宗は「これから先佐沼の手前三十里程のところに高清水という一揆勢の籠もる城があるだけだ」と、実際には名生《みょう》城があることを氏郷に告げず、この先の名生城に事前に連絡を取っていた。のろしを上げれば氏郷勢が攻め掛かるだろうから、まわりの四城から繰り出して氏郷勢を取り囲むという策を立てていたのだ。十八日は色麻、中新田を攻め中新田に泊まった。その夜、政宗は仮病を使い行軍できないと氏郷に言ってよこした。十九日、中新田を出発する時政宗が後ろから攻め掛かるのに備えて、五番、六番、七番隊を後備えにまわして、後ろ向きに歩いて行軍したという。

高清水めざして二、三十里行ったところに名生城があり、鉄砲を撃ちかけてきたので、先手の四人がまたたく間に二の丸、三の丸まで乗り入った。氏郷は後ろから政宗勢が押し寄せて来るので、一刻も早く敵の首をとれと指示した。短時間の合戦で氏郷勢は敵の首を六百八十余討ち取り、名生城は落城した。政宗の作戦で四城から討って出るため待機していた兵はなすすべもなく引き返してしまった。いよいよ明日は高清水を攻める作戦会議をしていた氏郷の陣へ、政宗の侍山戸田八兵衛、牛越宗兵衛の二人が、一揆をそそのかしたこと、茶席での企み、仮病、名生城での企みなどの政宗の陰謀を証する文書を持って、訴え出てきた。これを聞いた氏郷は名生城にしばらく留まって、政宗の出方を見ることにした。政宗が会津を攻めるという噂が流れたこともあったが、政宗は会津攻撃を断念した。

氏郷は会津を進発する時、秀吉に葛西大崎の一揆が蜂起したので討伐のため出陣する旨の使者を出し、同時に家康にも援軍を頼んでいたが、その使者が駿河府中で浅野長政のいるところに行き合わせた。長政は家康に氏郷の援軍を頼み、自らは十二月中旬に二本松に着陣した。

これを知った政宗は二本松の長政に弁明、伊達成実と国分盛重を氏郷に人質として差し出し、氏郷を名生城から戻らせ、事情を聞いて秀吉に報告しようということになった。政宗は最初人質を一人しか出さなかったが、氏郷の指摘で約束通り二人の人質を差し出した。この間に高清水など他の城も開城し、佐沼城に籠もっていた木村父子も、人質交換により名生城の氏郷のもとに送り届けられた。木村父子は秀吉から死罪を賜る覚悟をしたが、葛西大崎の所領を没収され氏郷の与力として生きながらえることができた。

天正十九年正月、氏郷は名生城を出て帰陣。一月十一日、二本松で長政と対面して今回のことを報告、長政は政宗の逆意のあったことを理解して上洛していった。長政が秀吉に報告するために上洛したことを知ると、政宗は正月末米沢を発って上洛した。証文は心おぼえにしている針の先で突いた跡がないので偽物だと主張。秀吉は政宗の弁明をどこまで信用したのか不明だが、政宗を許し葛西大崎の残党を鎮圧することを命じ、政宗の所領五郡を没収、木村父子の封地だった葛西大崎領を与えた。

以上が『氏郷記』をもとにした葛西大崎一揆のあらましだが、伊達側の『伊達家文書』等に書かれている内容は全く異なる。『伊達家文書』等では、秀吉は小田原落城後八月六日に白河に着き、七日長沼、九日会津黒川城に到着している。八月十一日、政宗も米沢を出て、八月十三日、宮（白石）で長政と会い、八月十八日に氏郷とともに中新田、古川、岩手沢（岩出山）と進み、高清水城に向かった。そして葛西大崎の旧勢力を排除して木村父子を迎え入れた。

政宗は葛西大崎の一揆勃発を知り、十月二十三日一揆討伐の先手を米沢から出陣。氏郷は十一月一日出陣予定だったが、大雪のため延期していたところ、家康が結城秀康を白河に出兵させることを知り、急いで大雪の中を出陣させたとしている。氏郷は十四日、下草城に政宗を訪れ軍議し、十六日に出陣する約束をして覚書を政宗に与えた。ところが政宗の家臣須田伯耆が氏郷の陣に入り、政宗は茶の席上で氏郷を殺害する企てをしている旨を告げた。そこで氏郷は急に計画を変更してその夜の内に出陣して、翌十六日名生城を攻めて占領し、ここに立て籠もった。氏郷は兵糧を入れて名生城を動かなかったので、政宗が松山、中ノ目、師山の城を攻略した。しかし氏郷は高清水、宮沢攻略に参加せず、二十四日の佐沼城救援にも仮病を使って兵を出さなかったので、政宗勢が木村父子を救出したとされている。氏郷は同じ二十四日に、政宗の功績を秀吉にとりもつことを約した書を浅野正勝に送る。一方で秀吉に政宗別心の旨を報告している。佐沼開城により木村父子が救済されたことで二十八日、氏郷と政宗は起請文を取り交わし今後互いに別心はないことを誓う。秀吉は氏郷の文はつじつまの合わない点があることを怒ったという。

『氏郷記』と『伊達家文書』を比較すると、内容が大きく食い違っており、どちらが真実であるか判断することは難しいが、政宗が奥州支配を復権させたいと思っていたのは事実で、葛西大崎を裏で煽動して木村父子の領国支配がうまく行かないように仕向けていた可能性は高いだろう。そのことを知っていた氏郷も大きな器で、政宗に対処して奥州統治を見事に行ったといえるのではないか。また秀吉は、その政治力で二人を包み込んで奥州仕置を成功させたのだろう。しかし、秀吉が下した領地配分では、伊達家発祥の地ともいわれる梁川城（伊達市）や政宗の正室愛姫の実家である三春城といった伊達の中枢地を含む会津近辺七郡を氏郷に奪われ、まだ一揆勢の残る葛西大崎領を鎮圧すればという条件付きで政宗に与えるという裁定から、秀吉は氏郷に分があると判断したことが分かる。

佐沼城《さぬま》（宮城県登米市迫町）

築城時期●不明（文治年間〈一一八五〜九〇〉の説あり）　**築城者**●不明（照井氏の説あり）　**城の分類**●平山城

佐沼城は東側を流れる迫川沿いの丘陵地にある平山城、北東側で迫川に合流する荒川に囲まれ、西側は鯛沼と呼ばれる沼地で、水城の性格を帯びた天然の要害である。

中世から戦国期は、このあたりを支配していた葛西氏と大崎氏の係争地で、堀や土塁が築かれたのは、大崎氏の家臣佐沼直信が居城した十五世紀頃だと想定される。

宮城県迫町（現登米市）が県に依頼して昭和五十三年（一九七八）、五十五年（一九八〇）、五十六年（一九八一）の三回にわたって発掘調査を実施されている。その報告書によると、堀の幅は約四メートル、深さ約三メートルで、本丸跡の頂部平場から堀底まで約一〇メートルの段差があり、石垣の痕跡は認められないということである。現場を見ると堀切のような切断された斜面で、ここをよじ登って本丸に上がるのは不可能に近いと思われる。西側や北東側に水堀の遺構が残っているが、残念ながら堀の周囲がコンクリートで固められてしまっており、水城の面影は消えている。本丸に佐沼城の歴史を刻んだ石碑があり「天正十八年秀吉の将蒲生氏郷・木村晴久に攻略され葛西氏がここに亡びた」と書かれている。

氏郷は会津領主となってすぐ、与力的存在の木村吉清とともに佐沼城を攻めに行った可能性もある。葛西大崎一揆鎮圧後ここを領地とした政宗も、再び一揆が起こり苦しめられたようで、佐沼城を攻撃している。この城は近世仙台藩の要害として明治維新まで存在した。

名生城《みょう》（宮城県大崎市古川）

築城時期●不明（正平六年〈一三五一〉の説あり）　**築城者**●不明（大崎家兼の説あり）　**城の分類**●平城

　名生城のある場所は、国指定史跡名生館官衙《かんが》（古代の役所）遺跡と重なる。名生館官衙遺跡とは、七世紀から十世紀に宮城県大崎地方西部を治めていた官衙の跡で、昭和五十五年からの発掘調査で、多数の掘立柱建物跡や竪穴住居跡などが発見されている。この役所が築かれたのは七世紀末頃で、陸奥の国府である多賀城より古い時期にすでに大崎地方に律令支配が及んでいたことになる。

　この発掘調査で、古代遺跡だけでなく中世の遺跡も発見されている。中世の遺構は大崎氏の居城名生城期のものと考えられ、掘立柱建物や井戸が溝によって区画されていた。井戸跡が五基確認され、南北に長さ六〇メートル以上の溝跡も確認されている。

　名生城の城郭は本丸にあたる大館、内館、北館、小館、二の構（二の丸）三の構（三の丸）、軍議評定丸の七郭で構成される大きな城だった。筆者も現在は農地や原野になっている城域を歩いたが、かなり広い城であることを実感した。軍議評定丸の跡地には土塁も残っている。この遠い陸奥の国で政宗と堂々と渡り合いながら、氏郷が一揆勢を攻めて落城させた名生城の土塁が四百年以上前の姿のまま残っていたのかと思うと、感慨もひとしおである。

登城 MEMO ③

氏郷が攻めた奥州の名生城

伊達政宗と駆け引きしながら攻め上った氏郷の馬上姿を思い浮かべながら、仙台からレンタカーで奥州路を北へ車を走らせた。名生城に着き広大な城域を歩いていると、民家の前に明らかに土塁跡と思われる土盛があった。そのお宅に入り家の人に「お家の前の土盛は何ですか」と聞くと「ここは昔の城跡だったらしく、市役所の人からこの土は絶対に削らないようにと言われているのです」という返事が返ってきた。後で位置関係を調べると、これが名生城軍議評定丸の土塁跡であることが分かった。ここで氏郷が軍議を開いたのかと想像すると、気持ちが昂った。

九戸《くのへ》一揆

九戸一揆とは

中世奥州南部地方（青森県東半分・岩手県北部・秋田県北東部の一部）を治めた南部氏は天正十年（一五八二）当主晴政が死去、嫡男晴継も十三歳で謎の死を遂げ、娘婿の田子信直派と九戸政実派が対立した。信直は天正十四年（一五八六）、加賀の前田利家のもとに北信愛《きたのぶちか》を派遣して豊臣政権に取り入り、南部内七郡の朱印状を受けて秀吉に服しており、秀吉の奥州仕置に不満を持つ一族が政実を反秀吉の指導者に担いで、一揆を起こしたのが九戸一揆である。信直の要請を受けて、天正十九年（一五九一）六月二十四日、秀吉が制圧のため派遣したのが、総大将に羽柴秀次、討手大将に蒲生氏郷を任命した援軍だった。伊達政宗は、自分の領地となった葛西大崎の残党を討伐する軍の大将を任じられた。

七月二十四日、氏郷は三万の大軍を率いて会津を出発。八月六日、二本松で羽柴秀次、徳川家康、浅野長政、伊達政宗、そして氏郷が軍議を開く。氏郷が主力となり、出羽・津軽の奥州勢が加勢し、秀次配下の堀尾吉晴、家康配下の井伊直政が協力して、長政が差配することになった。

『氏郷記』では八月二十二日、一戸に九戸方の姉帯《あねたい》、脇城根曽利《ねぞり》（根反）という二つの敵城があり、姉帯は蒲生郷成、蒲生忠右衛門尉が攻め落とし、多数の首を取った。関一政は請手としてからめ手にいたが、敵が崩れ落ちる所を一人も残さず討ち取った。また根曽利は田丸直昌が向かい、敵の首を多数討ち取り氏郷に見参した。

翌二十三日には、九戸の本城へ押し寄せ、先手は蒲生郷可をはじめとし後備の者たちであった。先手の者は前日の根曽利、姉帯攻めで疲れていたので、後攻めと先攻めを入れ替えた。この九戸本城攻めには浅野長政、石田三成も押し寄せ、総大将の秀次は上目に陣取って先手は堀尾吉晴、家康は岩手山に陣取って先手は井伊直政、奥羽の侍南部大膳大夫・津軽越中守・松前志摩守などの軍勢も九戸城を取り巻いた。氏郷軍は軍律が厳しいので、馬を放ったり、けんか口論したり、抜け駆けする者もなかったが、関東の侍はそんな規律も知らない新参者で、褒美に預かろうと抜け駆けした者があったので、氏郷は法度を守らぬ関東侍は一人残らず暇を出した。

これが『浅野家文書』によると九月一日、二戸郡に向かう途中一揆の出城姉帯、根曽利の二城を攻めた。九月二日、九戸の包囲が完成したと書かれ、『氏郷記』とは日付が相違する。そして九月四日には九戸政実は降服し、百五十人余の城兵の首をはね秀次に送り届けた。その後妻子もみな捕えられ、城兵はもちろん婦女まで「撫で斬り」といわれる皆殺しにされたという。

ところが九戸政実の地元で後世に書かれた軍記物では、豊臣方討伐軍に対し九戸方が一斉射撃により大損害を与える。氏郷の甥氏綱が急死して慌てる蒲生陣に、土塁を利用した九戸方の射撃などにより大損害を与える。食糧も残り少なくなってきた豊臣方は九戸氏の菩提寺である長興寺の薩天和尚を仲介として、「政実の降伏と引き換えに城兵の命を救う」という偽りの和議を申し入れた。政実はこれに応じたが、豊臣方はこの約束をたがえ、城内に火を放ち女子どもまで撫で斬りにしたと伝えられる。『氏郷記』には「次第に兵糧も盡《つ》き、矢種玉薬も盡きければ、遂に九戸降参を乞ひて、命を助けられ候はば城を開渡さん由申しけり」とある。あるいは『浅野家文書』に書かれているようなわずか二日で落城するような簡単な勝利ではなかった可能性もある。

この九戸方の軍記物に出てくる氏郷の甥氏綱という名前は『氏郷記』等には全く出てこないが、日野の蒲生家菩提寺信楽院に伝わる蒲生家系図では、氏郷の弟氏安（家系図では氏興となっている）の子として氏綱（天正十九年九戸で病死）の名が記されている。また現在も九戸城のある岩手県二戸市では、氏郷が作った氏綱の墓標があり、五年毎に氏綱の法要が行われているということを地元の方から聞いた。その理由は豊臣方の関東勢の侍から略奪や暴行を加えられたところを、氏綱に助けてもらったことに感謝して、後世まで氏綱を弔い供養しているのだと言われる。史実には出てこないが、地元二戸市で永年にわたって法要が続いている事実に接すると、氏綱は九戸一揆鎮圧のため氏郷に付き従い、九戸城で没した実在の人物とも思える。

葛西大崎一揆、九戸一揆鎮圧で、秀吉は改めて奥州の知行割りを行う。これを奥州再仕置といい、伊達政宗の旧領七郡を取り上げて氏郷領とし、葛西大崎の旧領を政宗に与えるというものである。この時点で氏郷の知行は七十三万石、その後の再検地で九十二万石となり、名実ともに豊臣政権の奥州総司令官となる。

姉帯《あねたい》城・根反《ねそり》城（岩手県二戸郡一戸町）

築城時期●不明　築城者●不明　城の分類●山城

姉帯は一戸町南東部に位置し、九戸城の西側を流れる馬淵《まべち》川の上流域にある丘陵地に開けた細長い谷底平野である。姉帯城はその北西部の丘陵先端部に立地、標高二〇〇メートル～二五〇メートルで城からは姉帯地域のほぼ全域を見渡せる。南側は五〇メートル以上の断崖でその下を馬淵川が流れ、北側には大きな沢があり馬淵川と沢に挟まれた自然地形を生かした山城である。馬淵川上流域は縄文時代の遺跡が多いことでも知られ、縄文時代や弥生時代の遺跡も確認されている。姉帯城からさらに北へ五キロメートル程行くと根反城があり、ここにも九戸方の兵が籠城した。

姉帯城は中世南部氏の一族姉帯氏の居城であったといわれているが、城や姉帯氏に関する資料はほとんどなく、近世以降の軍記物や盛岡藩史の中に九戸一揆に関連して記述されているだけだという。豊臣軍が攻めたルートについては、姉帯城から根反城、最終的に九戸城まで北上して集結したことで一致している。『氏郷記』では「八月二十二日嶮難《けんなん》の道を伝うて過ぎれば、爰《ここ》に一戸に九戸が脇城根曽利穴田井とて、二つの敵城あり。屑《くず》ともせず攻め落し、首数多討取りけり。また根曽利へは、押寄せ攻戦ひて遂に追落し、首数多討取りて、追々持来り、氏郷の見参にぞ備えへける。翌日二十三日九戸が本城糠夫の城へ押寄せらる」としている。『南部旧和集』や『九戸軍記』では姉帯・根反攻めは八月二十九日と書かれ日付が相違するが、九戸城の戦いの前哨戦として姉帯・根反両城を氏郷軍が攻め落としたことでは一致している。九戸方の軍記によると、姉帯城主は姉帯大学兼興で弟の兼信ら数百人が籠城したとあり、氏郷軍の人数は書物によって異なるが数千人が攻撃、十倍の兵力の差に姉帯方はひとたまりもなかったことが想像できる。しかし、名生城攻めで活躍した本田久助が戦死したことが『氏郷記』と九戸方の軍記の両方に書かれており、姉帯方もかなり抵抗していることが分かる。姉帯を攻めた後、田丸直昌が山道を通り根反城へ向かい、ここでも大勢の首を取り落城させている。

姉帯城は東西二つの館から構成されており、東の館・西の館と呼ばれている。西の館は平場で東西約一三〇メートル・南北約六〇メートル、東の館は平場で東西約一二〇メートル・南北約一〇〇メートルで、ともに東西にやや長くなっている。また、西の館は東から西に緩やかに傾斜しているがほぼ平坦であり、大規模に削平されたと思われる。南北の斜面は急峻な崖となっており、南側は約五〇メートルの断崖絶壁でそのまま馬淵川に達している。東端には幅二～三メートル・高さ約三・五メートル程の土塁が残っており、東の館との間には幅約二三メートル・深さ約一五メートルの大きな堀切がある。東の館は大規模に加工した痕跡はないといわれ、筆者も現地を見ると鬱蒼とした藪地で中に足を踏み入れることができなかった。東の館の東端にも二重の堀切が残っており、東の館構築の主眼は防御であった可能性が強い。九戸一揆制圧で南部領地となると、秀吉は天正二十年（一五九二）領内の主な城館の廃却を命じ、『南部諸城破却目録』の中にも「姉帯山城破却、野田勘五郎持分」と記録され姉帯城は廃城となり、その後城跡に関する記録がほとんどないことから、荒地や耕作地として現在まで受け継がれてきたものと思われる。

姉帯城は一戸町教育委員会が、平成四年（一九九二）度から平成十年（一九九八）度にかけて、何度も発掘調査を行っており、『一戸町文化財調査報告書第41集姉帯城跡』で西の館を主郭と想定した調査結果が報告されている。それによると、西の館は掘立柱建物跡と竪穴状遺構が分布するという一般的な中世城館の遺構分布となっており、東の館は遺構が少なく遺物の出土もほとんどないということである。西の館では墓抗と考えられる土坑が十数基検出され、この基抗群は九戸一揆に伴う戦死者の墓と考えられるという。出土遺物でも火を受けたものが多くあり、鉄砲玉や槍先なども出土しており、城中での攻防の様子が生々しく今に伝わってくる。遺物には陶磁器・鉄製品・銅製品・石製品など種類・量ともに豊富、陶磁器は大半が食膳具で天目茶碗・香炉・中国産の青磁器などもあるという。陶磁器を見ると、大半が十六世紀のもので一部十五世紀後半まで上るものもあるという。ちょうどこの百年余の期間が姉帯城の存続した期間と一致し、廃城後ほとんど放置されていたことが、保存状態の良好な中世城郭遺跡につながったのであろう。また特筆すべきは、出土の中に中世に属すると推定される幼児人骨が発見されたことである。歯牙の萌出、形成状態から死亡時年齢は一歳後半から二歳前半だろうという。この地は縄文時代の遺跡も多く発見され、古代から人々の営みがあり、戦国の終焉を告げる戦に多くの命が失われた。そしてその場に氏郷がいたのである。

姉帯城堀切

根反城についてはインターネットで調べてもほとんど出てこない。九戸方書物でも『南部根元記』に「姉帯城落城の折、根曽利（根反）へは田丸中務が承って向かった。氏郷は五手組を添えられた。この組の人々は梅原弥左衛門・木村民部・門屋助左衛門・寺林半右衛門・新国上総介が馳向かった」と書かれているが、根反城がどこにあったのか場所も分からない。そこで一戸町教育委員会にお願いして、根反城の場所と姉帯城から行く道が分かる地図を送ってもらった。当時、田丸直昌が通った山道は車が通れないので、県道15号線を通って地図を見ながら向かった。ここも根反川に沿った細長い谷あいに集落が点在する村だが、根反城は集落から離れて南に進んだところにあった。根反川に架かる小根反橋を渡り、川に沿って舗装されていない道を歩くと、右手側に木が生い茂る丘陵地が根反城跡だ。一戸町教育委員会の人に地図に印をつけてもらった堀切の場所を探して藪地に入ると、それらしいものが見えて来る。この城は、南北方向に姉帯城と同じように二つの曲輪が堀切で隔てられている城のようだ。近くの民家の人に聞くと、このあたりの冬は厳寒で積雪も多いという。岩手県最北端の山間部である。氏郷はこの厳寒の地まで足を運んで戦をしたのかと思うと、感慨深いものがある。

九戸城《くのへ》（岩手県二戸市）

築城時期●明応年間（一四九二～一五〇一）　**築城者**●九戸光政　**城の分類**●平山城

九戸城は九戸（岩手県九戸村）に本城を置いていた九戸光政（政実の四代前）が明応年間（一四九二―一五〇一）頃に現在の二戸市に進出し、築城したのが始まりとされる。九戸一揆鎮圧で落城後、九戸城は氏郷により近世城郭に改修され、名を福岡城と改め南部氏の本城となる。

城は西側を馬淵川、北側を白鳥川、東側を猫淵川の三方の川を天然の堀とした中位段丘面と高位段丘面にまたがる城で、本丸、二ノ丸は氏郷が落城後近世の城郭に改修して南部信直に引き渡した。南部信直、利直は城の名を福岡城と改め居城としたが、寛永十年（一六三三）重直の時、盛岡城に本拠を移したことから、九戸城（福岡城）はその三年後に廃城となる。九戸城の遺構は、氏郷が改修した本丸、二ノ丸の近世城郭と九戸時代の若狭館、石沢館の中世城郭に区分される。九戸一揆制圧で、各武将が陣を置いた場所が記録に残っており、氏郷が陣を置いたのは城の南側の丘陵地である。筆者もその場所に立ち、氏郷の気持ちになって九戸城を眺めた。城に向かって進むと、南側には川はないが、幅六〇メートルという巨大な空堀がある。さらにほぼ垂直に立つ二ノ丸切岸がそびえる。氏郷が三万の軍勢を率いてここをどうして攻めたのか興味深いものがある。

二戸市では平成元年（一九八九）度から史跡九戸城環境整備事業が開始され、現在本丸に残る石垣などは氏郷が構築したものであることが明らかになった。九戸城が落城したのは九月四日が定説で、『氏郷記』では九月末日には氏郷は九戸を出て会津に向かっている。おそらく氏郷は秀吉の命を受けて、「割普請」といわれる分担の城普請を他の大名に指示してから会津に向かったと思われる。『史跡九戸城跡環境事業報告書』では、鑑定した積石で多いのは石英安山岩と石英安山岩質凝灰岩で合計すると全体の約七十五％を占める。九戸城の周辺では仁左平地区と門ノ沢地区にこの岩石があるという。本丸の石垣は逆Ｌ字型のような形に築かれており、南堀の本丸と二ノ丸を隔てる石垣は草が覆って見えにくい部分があるものの、最も残存状態の良好な石垣で、上部は抜き取りが多いものの約六メートルの高さがある。北西隅角部を構成する角石に大型の縦石（高さ一・三メートル）を使用しているのは、一般に天正・文禄・慶長初期に多用される積み方だという。積み方は乱積みと一部横目地が通る布積みが混在し、石垣の勾配が途中から反るのではなく、最初の勾配のまま上まで上がることから天正年間頃の石垣であると推測されている。この九戸城の石垣の作りは会津若松城天守台石垣と類似することが指摘されている。氏郷は九戸一揆を鎮圧した翌年の文禄元年（一五九二）に会津若松城築城に着手しているので、東北で初めて石垣を構築したのは、この九戸城ということになるのではないか。

また同報告書では南虎口面は、横目地の通りを勘案して構築された布積み崩し石垣の穴太積み技法、二の丸側は在地系の乱積みで、積み方を区別していると指摘する。これは衆目にふれる「見える石垣」と「見えない石垣」という意識があったのではないかと推測している。まさに義父信長の築いた安土城本丸の技法を氏郷が九戸城で取り入れたのではないか。本丸東堀南面も自然石で大ぶりの長方形崩しの築石の長辺を寝かせるように積む、横目地の通りを強く意識した積み方で、布積み崩しの穴太積みの典型である。東堀の南東部は本来東櫓台の石垣があったが、石垣が破壊されて土塁の裏込め層のみとなった。これは明治初期に旧国道に架設された岩谷橋の橋梁工事や、地元の民家に石材の大半が使用されたからだという。石垣を一気に破壊する「城割り」により石垣の持つ機能が除去されたのである。

本丸東辺中央には追手桝形虎口、南辺には喰い違い虎口が構えられ、南東隅・南西隅・北西隅に櫓台があるが天守台は存在しない。織豊系城郭の特徴であるこの桝形虎口や喰い違い虎口を築いたのも氏郷の築城技法によるものであろう。寛文七年（一六六七）七月から八月の幕府巡見使の盛岡領内査察の古城絵図には、本丸石垣が明瞭に表現されていることから、この時点までは石垣がほぼ完全に存在していたと考えられる。

平成七年（一九九五）度の大手付近の調査では、二ノ丸で九戸一揆の犠牲者と推定される刀傷痕を持つ十数体の人骨が検出され、九戸一揆の激しかった戦いぶりがうかがえる。陶磁器類を中心とした多量の遺物が出土したが、九戸城改築期の遺物（貿易陶磁器）が極端に少ない傾向があるという。また火災などの痕跡が発掘調査からは顕著に見られないということである。『氏郷記』には「九戸が従者をば、悉く《ことごと》二ノ丸へ追入れ、四方より火を懸けて皆焼殺されてけり」と書かれているが、この記述は誤りだと思われる。本丸内部は階層性を意識して上下二段に区画され、出入口と思われる石階段が検出されたという。この本丸を上段・下段に区画するのが、氏郷の築城の特徴で後述する松坂城や会津若松城と同じである。また礎石建物一棟が本丸上段平場の北西隅から検出された。礎石はすべて失われていたが、礎石を据えるための土を固く突き固めた根固め遺構が十五か所で確認されている。柱の配置から建物は南北四間、東西二間、南東側に一間の庇を持つ建物だったと推定されるという。瓦は確認されていないので完全な織豊系城郭とは言えないが、本丸上段の礎石建物は城主の本丸御殿のような建物の可能性もあり、注目されるのではないか。

南部重直が九戸から本拠を移し盛岡城を築いた時、九戸城内の建築物を取り壊し、盛岡城御新丸普請の用材として利用したとされる。盛岡城は現在も高石垣が残るが、筆者は氏郷が九戸城で築いた石垣技術を盛岡城築城に役立てたと考える。氏郷が石垣や礎石建物という織豊系城郭をこの地に築き、その後の東北の近世城郭技術発展に大きな功績を果たしたといえるのではないか。九戸城は氏郷が改修した本丸・二ノ丸の遺構、若狭館・石沢館などの中世九戸時代の遺構、南部時代の松ノ丸などの遺構が残り、時代の変遷を知ることができる。筆者が二回目の九戸城訪問をした令和元年（二〇一九）十月、二ノ丸の発掘調査が行われているのを見たが、今後さらに新たな発見があることを期待したい。

九戸城縄張図

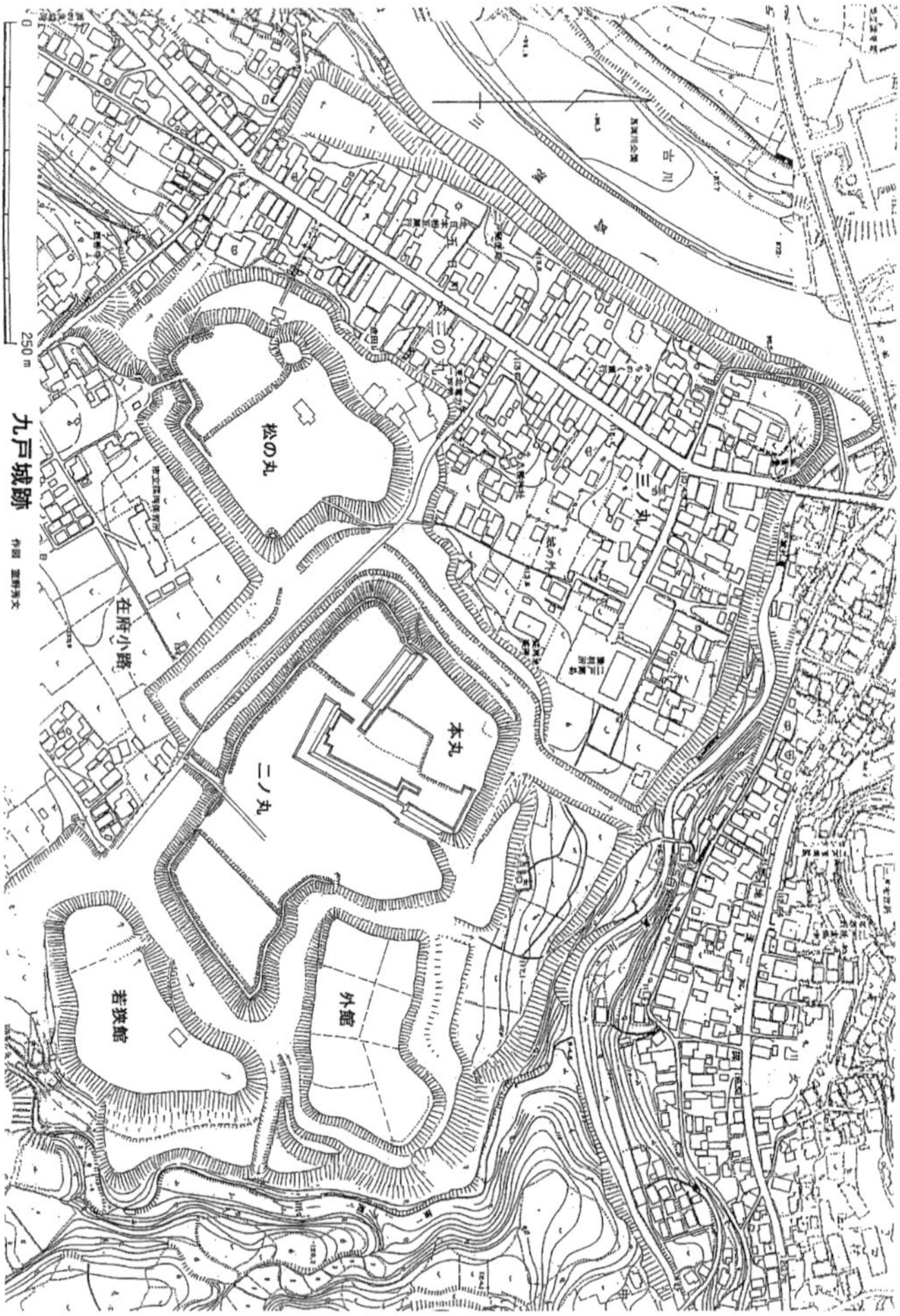

作図：室野秀文（『織豊系城郭とは何か』より）

第五章　氏郷が築城した城

雪の会津若松城天守

氏郷が築城した城

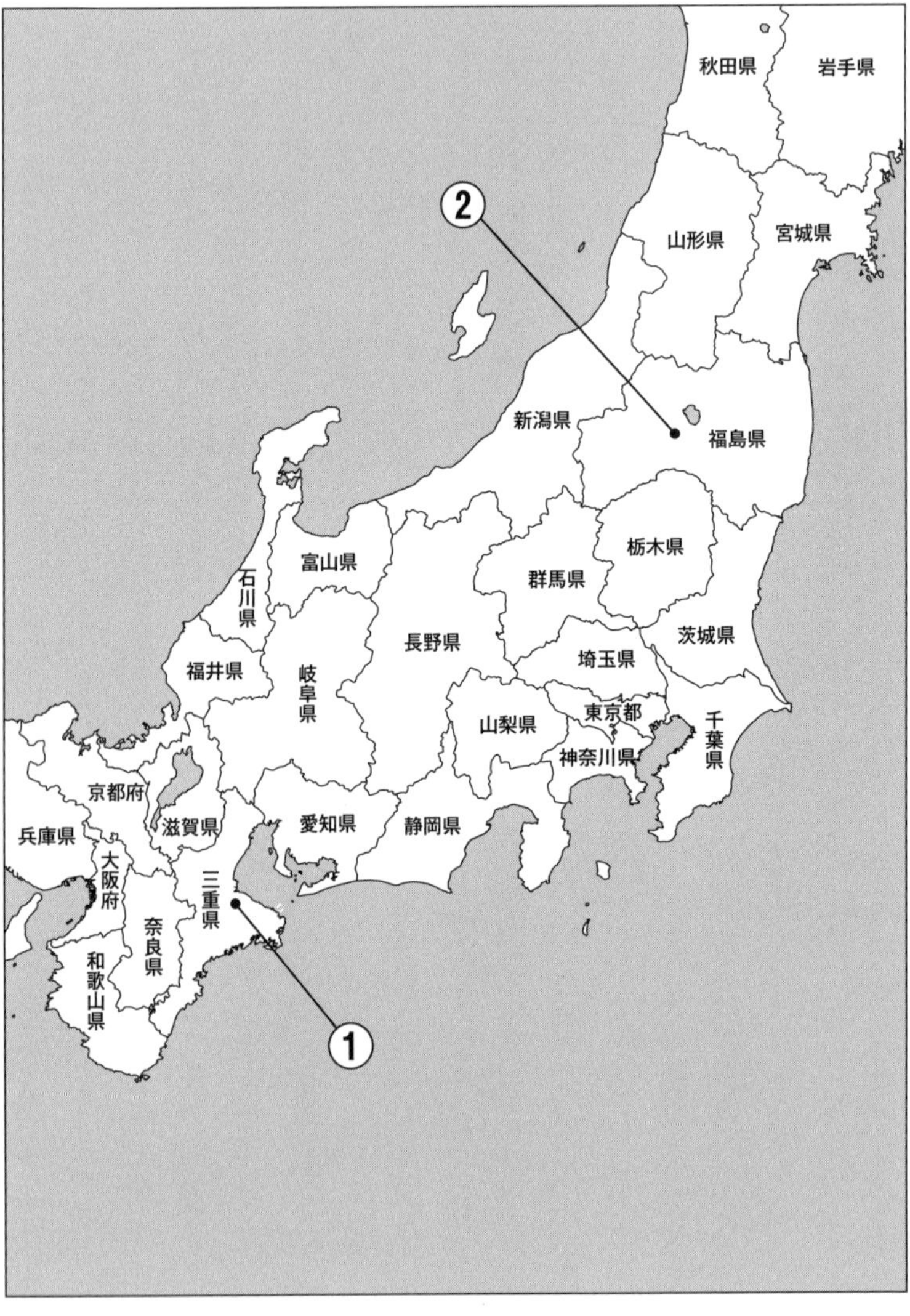

秋田県
岩手県
②
山形県
宮城県
新潟県
福島県
富山県
石川県
栃木県
群馬県
長野県
茨城県
福井県
岐阜県
埼玉県
東京都
山梨県
千葉県
神奈川県
京都府
滋賀県
愛知県
静岡県
兵庫県
大阪府
三重県
奈良県
和歌山県
①

①　松坂城

三重県松阪市

氏郷は城を松ケ島から四《よ》五《い》百《ほの》森《もり》に移し、松坂城を築城した。穴太衆に野面積み石垣を築かせ、外部三層の天守を建てた。天守は大風で倒壊したが、石垣はそのまま残り、外桝形が連続する城郭プランなど、築城の名手氏郷ならではの名城だ。

②　会津若松城

福島県会津若松市

会津領を拝した氏郷は、文禄元年に野面積み石垣に七層の天守と金箔瓦が揃う会津若松城を築城する。92万石の城下町を築き、産業を発展させる。幕末の戊辰戦争でも1か月の籠城戦に耐えた会津若松城は天下の名城である。

松ケ島から松坂《まつさか》へ

松坂城（三重県松阪市）

築城時期●天正十六年（一五八八）　**築城者**●蒲生氏郷　**城の分類**●平山城

天正十二年（一五八四）六月、氏郷は小牧・長久手の戦いの功により、南伊勢十二万石を拝領して松ケ島城に入城する。氏郷は松ケ島城の南側約四キロメートルにある四五百森《よいほのもり》に着目し、新しい城造りに着手する。天正十六年（一五八八）この城は完成し、蒲生家にとって吉兆である「松」と秀吉の大坂の「坂」の字を取って、この地を「松坂」と命名し、松坂城としたという。

松坂城は標高三五メートル余りの四五百森という独立丘陵上に造られた平山城で、城の北側に流れる阪内川を自然の堀とした防御ラインとし、丘陵を切通しで南北に分断して城の中核である北丘と城の鎮守神を祀る南丘とで、構成されている。丘陵の裾一帯を三の丸とし、周囲に土塁と堀を巡らせた。水堀は幅二〇メートル（広いところでは三〇メートル）、長さ二〇〇〇メートル以上あり、堀の内側には幅約一五メートル、高さ約六メートルの土塁で盛り上げ、大手門辺り（松阪市役所駐車場入口付近）の土塁は幅が一九メートル余りあったようだ。

城の内郭部分は本丸を中心に東に二の丸、西にきたい丸、南に隠居丸を配し、北東方向に表門、南東方向に裏門を設け、それぞれ外郭の大手門・搦手門に通じていた。本丸は上下二段となり、上段に外部三層・内部五階の望楼型天守があった。本丸の作り方が、より厳重に守る一段高い曲輪を設け、そこに天守を建立するというのが氏郷の築城の特徴で、これは会津若松城にも見られ、天守はなかったが、氏郷が落城させた後改修した九戸城でも上下二段の本丸を作っている。

氏郷が築城した天守は正保元年（一六四四）大風により倒壊し、その後再建されることはなかった。『松坂城学術調査研究報告書』では、天守の外観の考察が行われている。それによると、天守の外観は三層の前期望楼型天守とされ、一層目と二層目は一般的な望楼型天守の構造として大屋根構造となる。天守の前には付櫓があり、一層目の大屋根には、南北両面に千鳥破風が据えられていた。二層目も同じ方向に屋根が架かり、出窓の入母屋屋根が架かっていたと考えられている。三層目は望楼部分にあたるので、下層の大屋根とは棟の向きを変えて架けられ、廻縁仕様で花頭窓も設われていたと想定される。一・二層の壁は下見板貼りで、三層の屋根には金箔貼の軒瓦が使用されたと推定されている。天守の規模は石垣上場で北辺一七メートル、南辺一七・四メートル、東辺一五・四メートル、西辺一六メートルを計る。現状の天守跡を見ると、きたい丸側に階段状に突き出た箇所があるが、『勢州松坂城図』天守部分には階段状部分は描かれていない。発掘調査によると、天守跡の中央では人頭大から拳大の栗石がびっしり敷かれた集石遺構が検出された。その理由は、天守二層目以上の荷重を受けるための基礎と推定されている。また天守には付櫓跡があり、付櫓跡の石垣上場は天守台上面より一・五メートル低く、南面が天守跡に、西辺が敵見櫓跡に接している。規模は南北六メートル・東西一一メートル、敵見櫓跡との境は石垣で、この境の石垣に沿って礎石と思われる石が二つ並んでいたが、何らかの建物が建っていたかは不明であるという。

付櫓跡の西に隣接して、付櫓跡と同じ高さの敵見櫓が続く。敵見櫓跡の石垣の積み方や石材は天守台と同じとされ、中央部には礎石が八個残っており、そのほとんどが割石を利用していた。敵見櫓跡からは大量の瓦片が出土し、そのほとんどが平瓦や丸瓦である。敵見櫓跡から北方向に幅六メートル、長さ三五メートルの多聞跡が延びる。敵見櫓との接続部から北へ五メートルのところには、敵見櫓の北辺の石垣と向い合うように高さ〇・六メートルの石垣が垂直に積まれた。南辺から北辺の石垣までの三〇メートルの間に東西方向に三個、南北方向に十四個規則正しく礎石が並び、敵見櫓とを繋ぐ渡り廊下等があった可能性もあるという。礎石は地中深く埋められていないにも関わらず保存状態が良く、そのほとんどが原位置を保っていると推定される。

敵見櫓跡の北方向への張出と北続多聞跡との間に、敵見櫓跡から兵部屋敷跡に続く一メートル足らずの九段の石積階段が検出された。一方多聞跡の西側には敵見櫓跡から本丸跡下段に降りる階段があり、現在は幅一メートル程の石積み階段が残っているに過ぎないが、『勢州松坂城図』には幅の広い階段が描かれている。出土遺物には大量の瓦と少量の陶磁器片があったという。その中には「天正七年」の銘が入った軒平瓦や鬼瓦も含まれていた。

敵見櫓北続多聞跡の北端から直角に西方向へ北廻多聞櫓が延び、金の間櫓跡と接続している。多聞跡の石垣石積工法は天守跡と同じで、金の間櫓跡近くの兵部屋敷跡側からは、石垣に沿った多聞跡に西向きに登る、多聞の中に組込まれる形の石積階段が検出された。金の間櫓は本丸上段の北東隅に位置し、敵見櫓跡とは対角の位置にあたる。現在の金の間櫓跡は鍵型で、南側には階段がついているが、『勢州松坂城図』では長さ一一間・横六間の長方形と記され階段は記載されていない。石垣の積み方は天守跡とほぼ同じだという。ただ金の間櫓跡は後世幾度となく掘り返されたり、改造されているようである。南側に張り出している部分は後世付けられたもののようだが、石垣最下段と地山とがかみ合っていることから、氏郷が築城した時期に付けられた可能性が高いという。

　氏郷が会津に転封後、三代目の松坂城主となった古田兵部重勝の居館があったことから兵部屋敷跡と呼ばれる、現在は広い空地となっている本丸上段北側には、もちろん氏郷の居館が建っていたはずである。ここも上水道の配水池設置のため掘り込まれたり、滅菌室の設置や鉄管の埋設のために遺構が消滅している。しかしそれ以外のところでは遺構がいくつか残っており、排水溝や礎石列、石畳の遺構が見つかっている。

　石垣については、本丸天守台石垣は氏郷が築いた自然石をそのまま用いた野面積石垣で、出隅には切石に近い角石が用いられ、直方体の石の長面・短面を正面と側面に交互に見せる算木積石垣である。最上段の石の上面はどれもほぼ平らで、最上段の石垣の内側には石の先端から一・八メートル〜一・九メートルの幅に人頭大から拳大の裏込め石が詰められている。石工は近江坂本の穴太衆を呼び寄せて石垣を積ませたといわれ、加工されていない丸みを持った石をそのまま積み上げている部分が多いのが特徴とされる。石垣の石材は花崗岩が主で、安山岩・砂岩・チャート等も含まれている。石垣には宝篋印塔や石棺が再利用されているものもある。また、松坂城は排水溝・暗渠排水溝等による配排水設備が整っており、石垣には一辺〇・八メートル前後の暗渠排水溝が合計七か所開口している。内四か所は周囲が多聞で囲まれた本丸跡で、山を削りながら築いた城ということから大水によって崖崩れを誘発する恐れがあり、氏郷が細心の注意を払って築いた城であることが見えてくる。

また城の出入口は外桝形と呼ばれる作り方をしており、しかもこの外桝形をいくつも連ねるという城郭プランを採用しているのが、氏郷の築城技術の特徴で、この後氏郷が会津拝領により、会津若松城や多くの支城でこの織豊系城郭の技術を奥州に植えつけることになる。

次に出土遺物であるが、年代のはっきりしている遺物は「天正七年」銘のある瓦のみで、これは松坂城普請に際して松ケ島城時代の資材を利用したと伝えられ、金箔瓦など織田信雄の松ケ島城時代の瓦が再利用されたものと考えられる。

松坂城連続する外桝形

ただ隅瓦や軒平瓦は松ケ島城では出土の報告例がなく、松坂城のみで発見された金箔瓦もあるようだ。

氏郷は城作りだけでなく、松坂に新たな城下町を作ったことでも知られる。松ケ島から松坂へ本城を移した理由はいくつもあるだろうが、筆者は最も大きな理由について、松坂城の東から北に広がる平地を利用して城下町を作り、楽市楽座の実施で日野や伊勢大湊から商人を受け入れて、町を発展させることに主眼を置いたからだと考える。そのために、それまで松ケ島城下から海岸線寄りに通っていた参宮街道（伊勢街道）の道筋を松坂城下に引き入れる。町家はこの東西に走る新参宮街道に沿って立地し、この主幹道路に平行するように職人町通りと魚町通りを整備し、この街路の間に「背割排水」という排水路を設け、町境とした。また南北筋は松坂城正面の大手通りと、日野町を起点とする新町通りを整備した。また町家の外回りに寺社・水路等を配した「惣構」を作り、防御体制も固めた。その後松坂は多くの豪商といわれる有能な商人や本居宣長などの学者を生み、大きく発展する。氏郷はまさに偉大な武将であるとともに、優れた政治家として松坂の発展の礎を築いた人物であることは間違いないだろう。

縄張図　松坂城

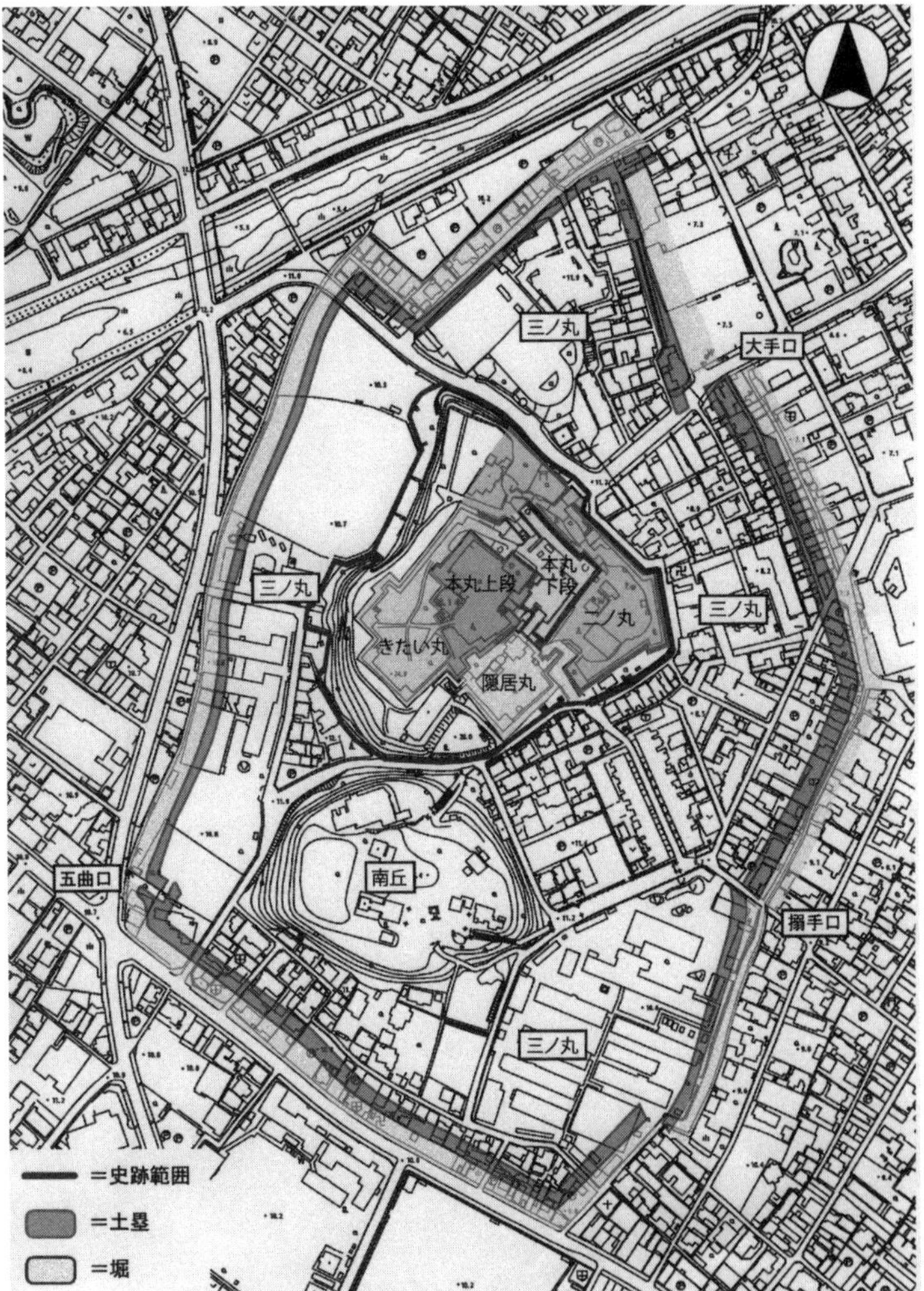

『国史跡　松坂城跡』（松阪市教育委員会発行）より

黒川から若松へ

会津《あいづ》若松城（福島県会津若松市）

築城時期●至徳元年（一三八四）　**築城者**●蘆名直盛《あしなおもり》　**城の分類**●平山城

会津若松城は、室町時代の至徳元年（一三八四）蘆名直盛によって築かれた城館から始まり、天正十七年（一五八九）伊達政宗が入るが、伊達時代の明確な遺構は確認されていない。奥州に本格的な城郭、しかも石垣、金箔瓦、礎石建物の三つが揃う織豊系城郭が築城されたのは、文禄元年（一五九二）氏郷がそれまでの黒川から若松と地名を改めて築いたこの会津若松城が最初である。

城の縄張りは武田家の旧臣曽根内匠《そねたくみ》らに命じて、甲州流の縄張りで郭の内外を整備し、わずか一年で天守が完成したとされる。氏郷が築いた天守は七層で、現在のように白漆喰壁ではなく、岡山城や松本城のように豊臣系城郭によく見られる下見板張の黒壁だったのではないかと考えられている。七層の天守は元和二年（一六一六）孫の忠郷の時代に幕府に提出した絵図（福島県立博物館蔵）に描かれている。この絵には現在の会津若松城の最大の特徴である千鳥破風付きの張出も描かれており、上部が改修されて五層になったことが分かる。

天守台の石垣は基本的に氏郷が築いたものがそのまま残っているといわれる。氏郷が近江から呼び寄せた石工集団の穴太衆が野面積みと呼ばれる自然石を主体に割石を交えた布積み崩しという手法で築いた石垣で、この手法は猪苗代城や守山城などの支城にも用いられており、これまでの奥州の城には全くない手法を氏郷が持ち込んだものといえる。

しかし氏郷死後の慶長十六年（一六一一）八月二十一日、会津盆地西縁を震源地とする推定マグニチュード七の直下型大地震が襲い、石垣が崩れ、塀・櫓が倒壊し、七層の天守が傾き瓦が落ちたと記録されている。忠郷の時代に石垣の積み直しなどの改修や郭や塀の改修が行われ、寛永五年（一六二八）蒲生氏の後会津に入った加藤嘉明・明成が天守を五層にするなど、大規模な改修が行われ現在の天守の形になった。この城が幕末まで続き、戊辰戦争で明治新政府軍の砲弾を受け屋根や白壁が大きく破損、明治二年（一八六九）から逐次建物の取り壊しが始まり、天守は明治七年（一八七四）に取り壊されて本丸内のすべての建物はその姿を消した。

会津若松市では、昭和五十九年（一九八四）から六十一年（一九八六）にかけて三カ年に渡って本丸内の遺構確認調査がされたが、目立った遺構は確認されなかった。太平洋戦争直後の食糧難の時代に芋畑として開墾され、昭和二十四年（一九四九）に競輪場建設工事が本丸内で開始されると、造成工事により本丸内の大部分は深く掘り起こされてしまったからである。競輪場の外側で本丸土手との間のわずかな部分で、排水溝や列石の遺跡が検出されたが、氏郷時代の遺構は不明だ。昭和四十年（一九六五）に天守などが復元、平成十三年（二〇〇一）には南走長屋と干飯櫓が復元されている。

次に会津若松城下の全体図を見ると、総延長六キロメートルに及ぶ外濠と土塁に囲まれた惣構の城下町が築かれた。郭内には上級武士の屋敷や中枢施設、郭外には下級武士の屋敷や町屋、分散していた寺院を集め、郭内と郭外は十六ヶ所の郭門で結ばれていた。このうちの三ヶ所、甲賀町口（氏郷時代は日野町口・遺跡が残る）、外讃岐口、天神口には石垣が築かれていた。甲賀町口（大手口）郭門の石垣に「蒲生源左衛門尉与力」と刻銘されており、蒲生郷成が若松城下の石垣普請を担当した家臣であったことが分かる。

この地には古くから城館が作られた。その理由は地形を見れば分かる。会津盆地というのは東西二本の断層に挟まれ、地殻変動によって外側が隆起して内側が沈んでできた「構造盆地」といわれる盆地である。会津若松城はその盆地の南東のはずれにあり、ここを流れる湯川が作った扇状地の頂に位置する。ここから盆地全体を見渡すことができ、上流にあるので水を支配することもできる。さらにこの湯川が分流して、西側で合流するという自然地形が天然の堀として取り囲むという絶好の城郭地だったのである。

氏郷の時代の大手口は北側にある今の甲賀町口ではなく、東側の天寧寺町口で、ここには外郭と内郭を区画する土塁の遺構が残る。天正十八年(一五九〇)、氏郷は大雪の中を葛西大崎一揆制圧のため会津から出陣したと『氏郷記』に書かれており、惣構の土塁はまだできていなかっただろうが、おそらくここから出陣したと考えられる。大手口が移された理由は、東の天寧寺町口を出て背炙峠《せあぶりとうげ》を越える道が急峻だったため、蒲生氏の後会津若松城主となった加藤明成の時、参勤交代のルートを北側の甲賀町口に変更したためである。

氏郷の時代の本丸へ入るルートは天寧寺町口の大手口から、三の丸大手門を入って二の丸へ入り、さらに廊下橋を渡って本丸に続くルートだった。この橋も氏郷の時代には屋根付の廊下が設けられていたとされる。氏郷は、現在北出丸となっているところの西側と北側に馬出を作ったが、加藤明成の時にこの馬出を北出丸に作り変えた。天守に行くには、廊下橋を渡り北側の帯郭を通って、城内の他の門や建築物に比べて低い門構えで埋門《うずみもん》の形態をとる門から上がる。氏郷は前任の松坂城でも本丸を上段と下段に区分し、天守は上段の最も高いところに建てたが、この会津若松城も天守は一段高いところに建てている。これは会津の地形が前述したように南東が高く北西に下がる地形であり、その高低差を利用したものだが、氏郷の築城の特徴ともいえる。

本丸内には天守の他に茶壷櫓や月見櫓など、文人でもあった氏郷らしい名前の櫓がある。茶壷櫓は茶道具を入れるための櫓で、このような櫓を作るのは茶人氏郷以外には考えられないだろう。月見櫓は、ここで茶会を催したり月を愛でて歌を詠む姿が想像できる。本丸の南側には、敵が侵入して来た時に複数方向から攻撃できる仕掛けで、石垣や土塁の塁線を曲げた横矢掛りを作って防御性を高めた。まさに文武両面に優れた氏郷の城といえる。

会津若松城で、氏郷が奥州の築城技術の歴史を変えたといえるものはいくつもあるが、最大のものは石垣技術であろう。奥州には石垣を積む石垣師などはいなかったので、近江の技術者集団を招き寄せたことは穴太家の記録にも記されている。信長に仕えて石垣普請に従事した穴太源太佐衛門の三男泉は、その技術を買われて氏郷の知行を得て、文禄二年(一五九三)会津若松城の普請を行ったと記してあるという。また会津若松城の発掘調査では、氏郷の天守に使われた複数の種類の金箔瓦が出土しており、特別な武将にしか許されなかった金箔が使われていたことが分かる。

会津には何か所か優良な金山があり、多くの砂金を産出したという記録も残っている。この金を最も多く産出したのが、蒲生時代で忠郷までの三代で三百六十五万両の金を産出したといわれる。加藤氏以後産出量は減少するので、蒲生氏の時代が会津にとって最も華やかで光輝く時代であったといえるのではないか。

また日野や松坂から氏郷が連れて来た商人が来住し、蒲生氏の扶持を受けた大工、鍛冶、塗師などの職能集団が住む地域なども作られ、若松の町は至るところで市が立ち、奥州一の繁華な町として賑わった。氏郷は現在の都市計画区域のように商業地域、住宅地域、工業地域に整備した先進的な町割りを作ったといわれる。

そんな会津若松城も幕末維新には、朝敵といわれ新政府軍による猛攻を一か月以上にわたって凌ぎ、氏郷の作った堅城としての力量を発揮した。また平成二十三年(二〇一一)三月十一日の東日本大震災では石垣の一部が崩壊した。しかし、氏郷の築いた天守台石垣はびくともしなかったという。慶長と平成の二度の大震災に耐え、幕末維新の猛攻を凌いだ会津若松城はまさに天下の名城である。

第六章　会津領内の氏郷の支城

猪苗代城大手多門櫓石垣

蒲生氏会津時代の年表

年号	西暦	月日	事項	参考事項
天正18	1590	7月5日	北条氏直が秀吉に降伏し、小田原城開城（『氏郷記』）	北条氏滅亡
		7月14日	秀吉小田原を立ち陸奥に向う	秀吉の天下統一なる
		8月17日	氏郷に会津6郡仙道6郡、合計12郡42万石の知行が与えられる	7月、家康関東8か国を領する
		10月下旬	葛西大崎一揆発生、木村吉清の佐沼城を攻める	
		11月5日	氏郷一揆制圧のため会津から出陣	
		11月	氏郷名生城を攻めて占領し立てこもる	
天正19	1591	1月	氏郷名生城を出て会津黒川城に帰陣	2月、千利休、秀吉に命じられ自害
		2月	木村吉清の旧葛西大崎12郡を没収して政宗に与え、政宗の会津近辺5郡を没収して氏郷に与えられる、氏郷の所領73万石となる	利休の養子少庵を会津に匿う
		7月13日	氏郷九戸一揆制圧の出陣法度を定める	
		7月24日	氏郷会津を出陣	
		9月1日	一揆勢の出城姉帯・根反の2城を攻める（『浅野家文書』）	
		9月2日	九戸城を包囲	
		9月4日	九戸政実城を出て降伏開城、氏郷は九戸城修復を指揮する	
		10月13日	氏郷会津黒川城に帰陣	
文禄元	1592	6月	城郭と城下町の建設に着手する、黒川を若松に改める	名護屋城出陣の途上、近江国武佐で望郷の歌を詠む

		夏頃	肥前名護屋城出陣、上洛後名護屋に在陣	
文禄2	1593	春頃	氏郷発病する	
		6月	会津若松城7層天守完成	
		9月	2千石加増される	
		11月24日	会津若松城に帰陣	
文禄3	1594	2月8日	氏郷上洛する	
		4月	会津領内検地により92万石	
		4月	伏見邸に秀吉の御成を迎える	
文禄4	1595	2月7日	氏郷死去、嫡男秀行92万石襲封、家康の娘振姫と結婚	7月15日、関白秀次自害させられる
		7月	秀行会津若松城に入る	
慶長3	1598	春	秀行宇都宮18万石に転封、上杉景勝が120万石で会津に入る	8月18日、秀吉死去
慶長5	1600	9月15日	関ヶ原の戦い、秀行東軍に属す	
慶長6	1601	9月	秀行会津60万石に復領、会津若松城に戻る	
慶長8	1603			2月12日、家康征夷大将軍となる
慶長16	1611	8月22日	会津大地震発生	
慶長17	1612	5月14日	秀行死去（30歳）忠郷会津を襲封	
寛永4	1627	1月4日	忠郷死去（25歳）無嗣により会津を収公される	
		2月	弟忠知伊予松山24万石を得る	

蒲生領内の城館と城代の変遷

番号	城館名	城の特徴	旧郡名	現市町村	天正18年仕置	天正19年再仕置	慶長6年蒲生再封
1	白河小峰城	白河は奥州の関門として重要な地。白河市の発掘調査で蒲生会津時代の石垣が発見された。三重櫓や前御門が平成になって木造で再建され、見事な高石垣が残る。	白河	白河市	関一政	関一政	町野繁仍
2	長沼城	白河から会津へ通じる会津街道が通る要衝の地で、秀吉が奥州最初の刀狩令を発した。本丸には蒲生時代の石垣が残り、西側は二の丸と地蔵堂山との間に堀切がある。	岩瀬	須賀川市	→蒲生郷安	蒲生郷貞	蒲生郷治→玉井貞右
3	三春城	伊達政宗の正室愛姫の実家田村氏の領地だった。蒲生時代の石垣が残り、城下の町割がされたという記録も残る。守山城との間で互いに破城・移転された歴史がある。	田村	三春町	（伊達）	田丸直昌→破却	→蒲生郷成→郷治→郷喜・郷舎→郷治
4	守山城	三春城以前にあったという記録がある。約70メートルにわたって穴太積みの石垣と空堀、外桝形虎口の遺構が残る。松坂城や会津若松城と似ているところがある。	田村	郡山市	（破却）	→田丸直昌	蒲生郷成→破却
5	二本松城	蒲生時代に本丸下の大石垣が築かれ、箕輪御門を石垣に改修して門前に奥州街道を通し大手道に変更した。中世の山城から石垣造りの近世城郭への変遷がわかる城である。	安達（西）	二本松市	→蒲生郷成	町野繁仍	梅原弥左衛門・門屋助右衛門→本山安政・安行→外池良重
6	小浜城	一時期伊達政宗が入城した後蒲生領となる。城郭普請は天正・文禄年間の氏郷時代から行われ、主郭南虎口の石垣は慶長後半の秀行時代の築造と推定される。	安達（東）	二本松市	（伊達）	蒲生忠右衛門	玉井貞右・外池良重

7	梁川城	広瀬川の河岸段丘を利用して築かれた平城。本丸跡に庭園が残され、その脇に蒲生時代の野面積み石垣がある。二の丸に土塁、三の丸に大手枡形虎口の遺構が残る。	伊達	伊達市	（伊達）	蒲生頼郷	―
8	白石城	本丸に氏郷会津領主期の野面積み石垣が残る。実質的な天守である三階櫓が木造で再建された。慶長三年で蒲生支配は終わるが、城は仙台藩の支城として幕末まで存続する。	苅田	宮城県白石市	（伊達）	蒲生郷成	―
9	猪苗代城	葛西大崎一揆制圧で大雪の中を進発して、まずこの城に入った。大手口多門櫓を石垣造りとし、二の丸・三の丸を設け、城下町を作った。本城会津若松城の北東部の押さえ。	耶麻	猪苗代町	蒲生郷安→町野繁仍	玉井貞右	関一利→岡定俊→岡清長
10	鴫山（南山）城	中世の根小屋式山城を近世城郭に改造。山頂部分を放棄し、中腹の本丸・二の丸・三の丸の中枢域を整備。大手虎口には食い違い空堀を作り、石垣で大手門を築いた。	会津	南会津町	小倉行春	小倉行春	小倉行春
11	久川（伊南）城	会津領支城の中で唯一の土の城。緩斜面を削り込んで曲輪を形成し、尾根を天然の土塁とする縄張り。巨大な枡形虎口を作り、本丸には板葺屋根の天守が建っていた。	会津	南会津町	蒲生郷可	氏郷直轄地（蔵入地）	蒲生忠右衛門→破却
12	中山城	羽州中山の山頂に構築された主郭を中心に、南東方向にL字状に延びた斜面稜線を段状に加工した縄張り。蒲生期に四面すべてを石垣造りとする近世の天守台を築いた。	置賜	山形県上山市	（伊達）	蒲生郷可	―

会津領内の氏郷の支城

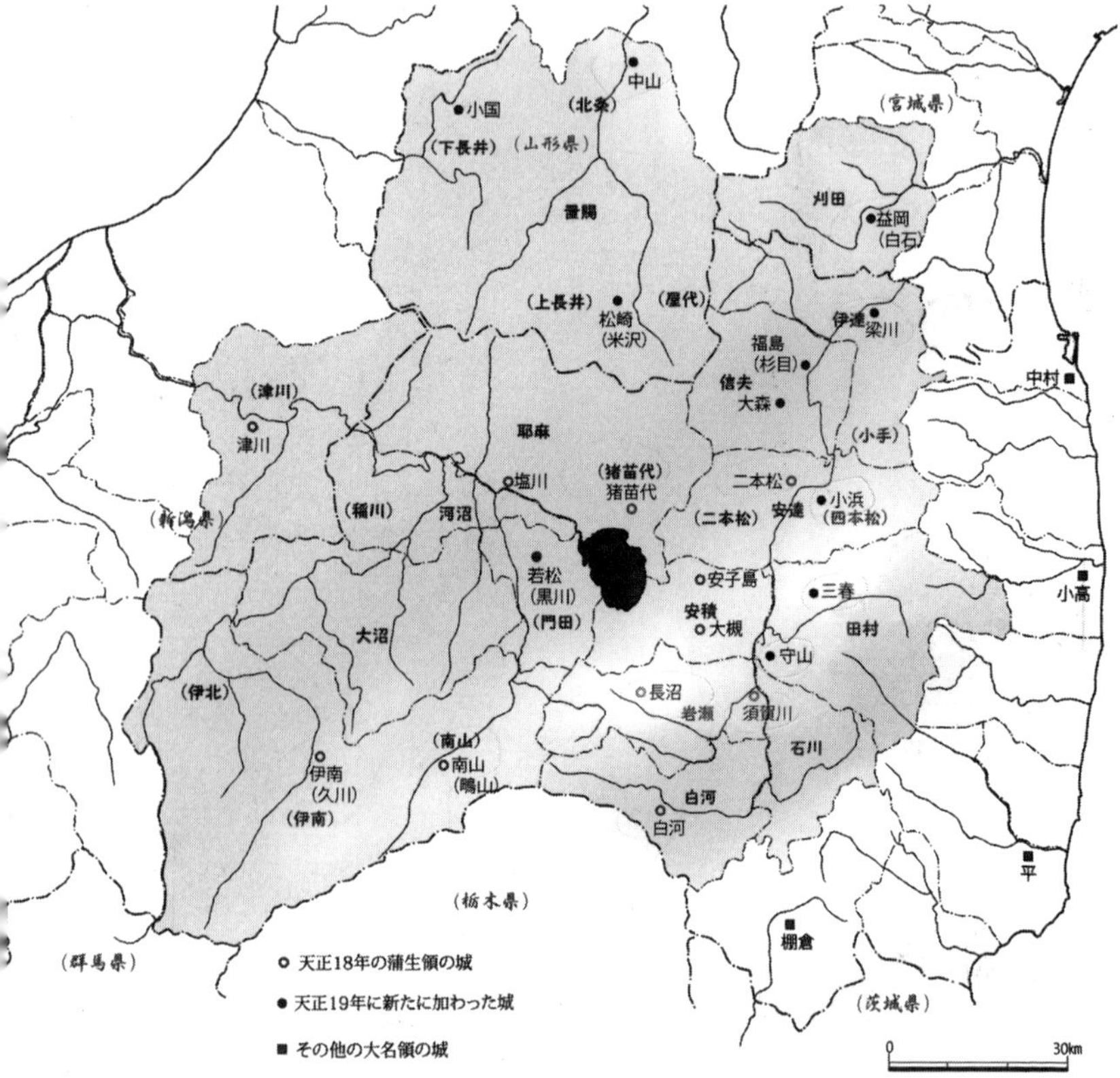

『蒲生氏の時代』（三春町歴史民俗資料館）より掲載

十二の支城

白河小峰城《しらかわこみね》（福島県白河市）

築城時期●興国年間（一三四〇～四六）　**築城者**●結城親朝　**城の分類**●平山城

一般的な大名領は、蔵入地（領主の直轄地）と給地（家臣の俸禄地）が半々とされた。蒲生家では給地が三分の二以上を占め、蔵入地が極めて少なかった。九戸一揆を鎮圧して再配置後七十三万石に加増された氏郷は、会津に帰陣して奥州戦陣に出た諸将に論功行賞を行った。諸将にあまりに気前よく知行割を行ったので自分の蔵入り分がなくなり、老臣たちが改めて氏郷の決めた分から削って蔵入り分にしたという。それでも三万石以上という他国では大名クラスの重臣が何人もいた。氏郷は重臣に多くの権限を与え、事業を行わせていたと考えられる。そして、これまでこの地を支配していた土豪らの砦のような防御設備をすべて破壊して、拠点となる城を築いて統治する必要があった。氏郷の統治力でこれらの重臣に睨みを利かせていた間はこれでよかったが、氏郷の死後秀行や忠郷ではコントロールできなくなったことが、家臣団の内紛が多発した原因の一つになったといえる。

この石高の多い支城の一つが白河小峰城である。天正十八年（一五九〇）氏郷会津拝領時、白河城代を関一政に命じた。一政は氏郷の妹を妻とし、九州島津攻め、小田原北条攻めで戦功を挙げ、九戸では四番手として参陣して再配置でも白河城代四万八千石を領した。

白河は古代から白河関が配置され、奥州の関門として重視された要衝で、現在も東北自動車道のインターや東北新幹線の駅がある東北の玄関口にあたる交通の要所である。南北朝時代から白川結城氏が本城とした山城の白川城と区別するため小峰城と呼ばれる。結城氏時代に小規模な砦だったものを整備して居城としたが、秀吉の奥州仕置で改易され、氏郷に与えられた城である。白河小峰城は、蒲生氏が去った後丹羽長重が大規模な城の改修を行い、幕末の戊辰戦争で焼失したシンボルの三重櫓（天守のかわりの役目も果たした）を昭和六十二年（一九八七）発掘調査と絵図などを基に木造で忠実に復元、平成三年（一九九一）に三重櫓、平成六年に前御門が完成した。東北にはめずらしい高石垣・総石垣造の城である。

平成二十三年（二〇一一）三月十一日の東日本大震災により崩壊した石垣修復に伴う白河市の発掘調査（平成二十六年〈二〇一四〉十二月～・平成二十八年〈二〇一六〉四月～断続的に実施）で、竹之丸南面から七メートルほど内側の地点から土の中に埋もれていた石垣が発見された。白河市の調査によると、この石垣の表面は粗く加工した面や自然に割れた面が残り、石材の大きさや形が一定ではない特徴があることから、慶長年間(一五〇〇年代末から一六〇〇年代はじめ頃)に築かれたものと考えられるということである。まさに秀行が会津領主だった時代に築かれた石垣だ。また、同じような特徴を持つ石垣は、三重櫓の北面でも確認できるということだ。この時期の城下を描いたとされる慶長古図にも、今回発見された石垣が描かれているようである。

調査地点周辺の盛土の観察結果や現在の石垣との位置関係などから、丹羽長重時代の大改修(一六二九～三二)の時に、竹之丸が南側と東側に拡張されたため、蒲生会津領時代の石垣は一部

白川小峰城三重櫓と前御門

が取り除かれ、盛土の中に埋められたと考えられるようである。白河市の発掘調査から「日本100名城」にも選ばれ見事な総石垣が続く白河小峰城も、石垣の原点は秀行再封の慶長期城代の町野繁仍によって築かれたものであることが見えてくる。「白河城之図」(宮城県図書館蔵)にも城代町野繁仍支配時期の城下の様子が絵図で描かれている。繁仍は、近江蒲生郡鋳物師村の竹田神社神職の二男から蒲生家重臣町野家の養子になり、繁仍の妻が氏郷の乳母だったため、岐阜へ人質に出された氏郷に従ったとされる。氏郷の松ケ島拝領の時には伊勢亀山城に置かれて、山田奉行として伊勢神宮の神封に預かった。会津では猪苗代城代、二本松城代、宇都宮転封では真岡城代、会津復帰後は白河城代として近世城郭の基礎を作り、城下を改修した功績は多大なものがある。秀行の死後は長子幸和に家督を譲り、近江に帰り竹田神社の神職となり、寛永五年(一六二八)頃八十歳で鋳物師の家で没したと伝わる。

氏郷の会津拝領時の白河城代だった関一政は、秀行の宇都宮減封で蒲生家を離れて秀吉に仕え、信濃飯山城主、伊勢亀山城主、伯耆黒坂城主などを経て改易されるも、関氏は近江日野中山で五千石の旗本として明治維新を迎える。一政の弟一利も氏郷に仕え、秀行の会津復帰で猪苗代城代、その後岡重政と対立して出奔、帰参して忠郷に仕え、忠知の伊予松山転封にも従い、蒲生家断絶まで付き従った。

長沼城《ながぬま》（福島県須賀川市）

築城時期●天文年間（一五三二～五四）　**築城者**●蘆名氏　**城の分類**●平山城

長沼城の築城時期は定かではないが、天文年間（一五三二～一五五四）に長沼北古館に代えて蘆名氏が築いたと伝えられる。元和三年（一六一七）の年記がある「長沼城古図」には、本丸を中心とする山城部分を取り巻く三重に巡らされた堅固な土塁と堀が描かれているという。実際に長沼城東側の水田地帯を歩くと、土塁と堀の痕跡を見ることができ、中世の城の面影が残る。ここは、城の南側に白河から会津へ通じる会津街道が通る交通の要衝であり、重要な拠点として抗争が繰り広げられたのであろう。

天正十八年（一五九〇）七月、小田原を出発した秀吉は八月に長沼に到着し、ここで発した刀狩令文書が残されているという。奥州入りして最初の刀狩令である。八月会津六郡仙道六郡を拝領した氏郷は、最初猪苗代城の城代にした蒲生郷安をすぐに長沼城代に移す。翌年の再仕置では蒲生郷貞を城代とし慶長六年（一六〇一）秀行の会津再封では蒲生郷治が入り、その後玉井貞右と城代は目まぐるしく変わる。寛永四年（一六二七）忠郷が死去し蒲生氏が会津を去るまでに、長沼城は破城されたとみられる。

長沼城は平成十四年（二〇〇二）と十五年（二〇〇三）に範囲確認調査が実施され、本丸西側の二の丸にかけてのところに石垣が積まれているのが明らかになった。本丸には稲荷神社が祀られ、社の背後に土塁が盛ってあり二メートル程の高さに積まれた石垣が残っている。長沼城は数回破城された可能性が高いということで、この石垣も破城を受けてから再度積み直されているようだが、蒲生氏の時代の石垣を改修したものであろう。長沼小学校の北側から登って行くと、三の丸・東二の丸・本丸と明確な曲輪と虎口があり、本丸の土塁も残っている。西側は二の丸と地蔵堂山の間に大規模な堀切がある。会津若松城本城から会津街道を通り、白河へ出る交通の要衝にある城として、長沼城は重要な支城であったことは間違いないだろう。

三春《みはる》城（福島県田村郡三春町）

築城時期●永正元年（一五〇四）　**築城者**●田村義顕《よしあき》　**城の分類**●山城

三春城は永正元年（一五〇四）田村義顕が築いたと伝えられるが、南北朝時代には城館として機能していたようである。田村氏は義顕・隆顕・清顕と三代続くが、天正十四年（一五八六）清顕が急死、一人娘の愛姫《めごひめ》の夫伊達政宗を後見に、清顕の甥宗顕が城主となり政宗に仕え、戦国の城砦として三春城を改修した。しかし田村宗顕が小田原攻めに参陣し

長沼城縄張図

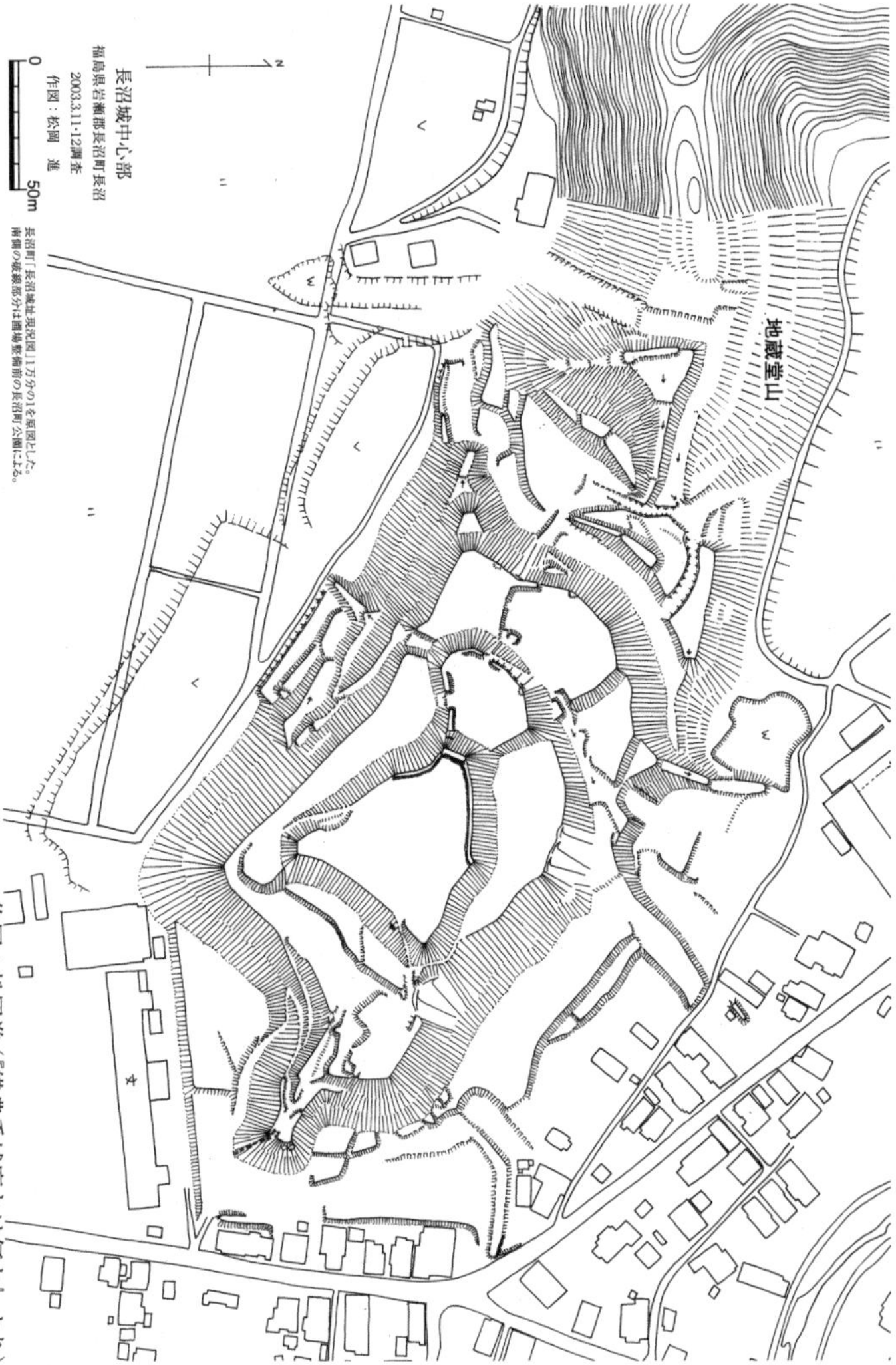

作図：松岡進（『織豊系城郭とは何か』より）

なかったため改易、天正十九年の再仕置で田村郡が蒲生領となり、田丸直昌が五万二千石で入城するもその後守山（郡山市田村町）に城を移す。さらに上杉氏が統治した時代も守山に城代が置かれ、三春城は使用されなかった。田丸直昌は伊勢国司北畠氏の庶流で度会郡田丸城主、氏郷の妹を妻にして氏郷の与力でもあった。天正十八年（一五九〇）須賀川城代、九戸の乱で三番手を務め支城の根反城攻めで戦功を挙げる。天正十九年再仕置で三春城代となり、その後守山へ移る。三春は伊達政宗の正室愛姫の実家で、政宗との結びつきが強いことから有力与力田村直昌をここに置くことで、旧勢力を断とうとした可能性がある。田村直昌はこの後秀行の宇都宮減封で蒲生家から離れる。

　秀行の会津再封で城代となった蒲生郷成は、尾張一之宮の生れで坂源次郎と称して、柴田勝家に仕えていた。その後氏郷に仕え、岩石城攻めの功で蒲生姓と偏諱《へんき》（一字の名の一方の文字）を受ける。奥州仕置で安子島城、その後二本松城代、再仕置で白石城代四万石に任ぜられる。葛西大崎・九戸一揆でも一番手を務め、蒲生軍の先鋒として氏郷の信頼が厚かった。秀行の宇都宮減封時も二万石で笠間城代を務める。会津に復帰すると守山城代四万五千石となる。慶長十四年（一六〇九）岡重政と対立し、長男郷喜、二男郷舎《さといえ》と関一政・小倉行春・蒲生彦太夫らが蒲生家を出奔して、郷成は津藩主藤堂高虎に仕える。郷成の後は秀行の二男鶴千代を養君として預かっていた郷治が三春城に入城する。慶長十八年

（一六一三）岡重政が死罪となると、今度は郷成が帰参となるも帰途須賀川で病死する。このため郷成の長男郷喜が三万石、二男の郷舎が一万五千石で三春城主となる。ところが郷喜兄弟も元和二年（一六一六）改易、またまた郷治が三春城代に復帰して寛永四年（一六二七）忠郷が死去し蒲生氏が会津を収公されるまで三春城代を務め、氏郷の死後は家臣間の権力闘争で目まぐるしく城代が変わる。

三春城は町役場や郵便局などがある三春町の中心部である南町から北側の城山にある。西側の麓、三春小学校の場所に江戸時代の藩主屋敷があり、その上に現在は児童公園になっている二の丸がある。本丸は二段構造のかなり広い曲輪で、先端部分に天守に相当する御三階櫓があったという。表門跡には礎石が残っているが、御殿や櫓の跡は残っていない。郷成の時代に築いたものと思われる石垣も相当な高さと長さがあったと考察されるが、残念ながら明治初年廃城された時に、かなり破壊されている。中世から近世にかけてこの場所で城が存続したが、守山城との間で互いに破却・移転された歴史があり、新たな領主が旧領主の権威を否定するために行ったという理由だけでは説明できず、どういう意図で行われたのか疑問の残る城である。

また江戸時代の藩主秋田氏時代の記録によると、三春城下町の中の新町（現在の荒町）は蒲生郷治の時代に町割されたと古老が伝えている。城下にはたくさんの寺社が描かれた絵図が残り、多くが蒲生時代に存在し、郷治が愛宕神社を勧請したとも伝えられる。

遺跡発掘では茶碗の焼き物が出土、三春で天目茶碗が見つかっている。これは利休七哲筆頭の氏郷が茶器の工人を呼び寄せて焼かせた可能性があるという。陶磁器の他にも漆器や下駄といった木製品も出土し、氏郷が会津で殖産した漆器の可能性が高いと考えられる。会津若松では焼塩壷が出土しており、蒲生氏は伏見や江戸で将軍らの御成を受けているので、会津領の国元でも宴席で壷焼塩が使用されたと考えられるという。これは氏郷が京都周辺の先進的文化を会津若松や三春に伝えたことを表すものであり、氏郷は産業や文化の面でも東北地方に多大な功績を果たしたといえる。

守山城《もりやま》（福島県郡山市）

築城時期●不明（平安時代初期・鎌倉期等築城の説あり）
築　城　者●不明（坂上田村麻呂・田村荘司等の説あり）　**城の分類●**平城

前項の三春城でも記述したように守山城と三春城は密接な関係がある。「田村家記録」によると永正元年（一五〇四）田村義顕が守山から三春城に入城したとあり、守山城は三春田村氏の旧本拠地であったと伝えられる。守山城のある田村郡が氏郷の所領となったのは、天正十九年（一五九一）の奥州再仕置の時で、秀吉が伊達政宗の領地を取り上げて氏郷に加増したものである。当初田村郡の氏郷の支城は三春田村氏の居城三春城で、田丸直昌が須賀川城代から五万二千石で三春城代となった。その後時期は不明だが、支城を三春城から守山城に移している。支城を移した理由も不明だが、五万二千石という蒲生家の中でも最も石高の高い有力家臣を配置する支城であり、氏郷がこれまで築いた松坂城や会津若松城と同じように、強固な防御体制の城として守山城を整備し直したのではないかと考察する。慶長六年（一六〇一）蒲生再封、秀行が六十万石で再び会津若松城に入ると、守山城代には蒲生郷成が四万五千石を拝領して着任する。この郷成の頃正確な年は不明だが、支城が守山城から三春城へ移り、守山城は廃城となる。

郡山市は守山城跡の石垣と空堀を埋め立て、個人宅地造成が計画されたことに伴い、平成十二年（二〇〇〇）五月一日緊急に発掘調査に着手し、平成十三年（二〇〇一）三月二十三日終了したという。二の丸と三の丸を隔てる石垣は一部崩れて裏込め石が露出していただけで、石垣を築造した当初からの顕著な変状は目立たなかったということである。堀跡底面からは二条の溝跡が検出された。出土遺物も堀跡の堆積土中と土塁の表土中より、陶磁器・土師質土器・瓦質土器・石臼などが出土している。

守山城の縄張りは黒石川を背にして丘陵のピークを本丸とし、西へ二の丸、三の丸が広がり、西側に大手口があったという。本丸には八幡宮が祀られ、五〇メートルほどの方形の郭で東側縁部には一メートル位の低土塁が残るが、石垣の遺構はない。現在守山小学校敷地となっている三の丸の北側には住宅地となっている出丸があり、本丸の南東側には腰曲輪が配されている。三の丸と出丸の間は現在道路となっている堀切があり、二の丸と三の丸の間には約七〇メートルにわたって空堀と石垣が残る。本丸・二の丸・三の丸部分の字名を見ると、三の丸・本丸の南・東・北側は城ノ腰、三の丸の西側と出丸は殿町という字名が残り、ここに城と城下町があった名残りがうかがえる字名である。石垣の高さは五・八メートル〜六・二メートルで、さらにその上には二・二メートル

守山城二の丸と三の丸を隔てる石垣

〜二・八メートルの盛土した部分がある。調査した石垣の長さは五五メートルであるが、南側はさらに一五メートル先まで石垣があることが確認されている。

郡山市教育委員会発行の『守山城跡発掘調査報告書』によると、守山城の石垣は自然石や粗割り石を積み上げた野面積みであるが、横目地の通らない布積み崩しと大きさの異なる自然石を積み上げた石垣で横目地が通っていない乱積みが混在しているという。これは積み直しによって生じたものではなく、何組かに分けて石垣を積み上げた際の合口部分に乱積みがされているとの見解である。石垣の築城時期については、古式穴太積みで算木積みが発達していないことなどから、文禄〜慶長年間に築城された石垣と考えられるということで、まさに蒲生時代の石垣である。城郭の整備や穴太衆を駆使して石垣普請を行うことが可能な家臣と考えられる田丸直昌、蒲生郷成が守山城代をしていた時期に石垣普請がされたと推定される。守山城の特徴として穴太積みの石垣と外桝形虎口があげられるが、これは氏郷が最初に築いた松坂城の特徴と同じで、守山城の縄張りは会津若松城の縄張りとよく似ている。守山城は氏郷の指示で築城されたと考えていいのではないだろうか。

二本松城《にほんまつ》（福島県二本松市）

築城時期●応永二十一年（一四一四）　**築城者**●畠山満泰《はたけやまみつやす》　**城の分類**●山城↓平山城

二本松城は中世戦国時代、畠山満泰により白旗ケ峰に築造され約百五十年間続く。天正十四年（一五八六）七月、伊達政宗の攻略により畠山氏は滅亡、伊達成実が二本松城に入り城内外を整備した。天正十八年（一五九〇）秀吉の奥州仕置では、浅野長政が奥州検地奉行、奥州監察として在城した。長政が去ると、氏郷は蒲生郷成を安子島から異動させ、天正十九年（一五九一）の再仕置では町野繁仍が城代となる。さらに秀行の会津再封後は、忠郷時代も含めて城の西側に「新城館」、東側に「松森館」の遺構があり、二人の城代が置かれた。

蒲生氏が去った後二本松城は加藤氏、幕府領を経て寛永二十年（一六四三）、丹羽光重が白河から入封する。『丹羽家分限帳』には、「当城普請、畠山氏之城廓至蒲生氏、城地築直シ御本丸石垣落下ケ而箕輪并処々石垣ニ築直シ箕輪御門前再建、コノ地ニ御大手石垣土塀出来并大手取直シ候得共奥道（奥州道）之儀ハ未タ杉田町、若宮（現鍛冶町）通行ニ而有之云々」とあり、畠山氏から蒲生氏に至ると本丸の露出花崗岩を利用して城郭を改修し、石垣積みの近世的城郭が形成されている。大手口を引き直し、土塁の築直しなどが施されたことがわかる。

慶長六年（一六〇一）秀行が六十万石で会津復領後、慶長九年（一六〇四）家康の五街道政策の延長として、奥州街道がそれまでの二本松城西麓に迂回していた道から、山坂を避け東麓の平坦地に付け替えられ、箕輪御門が大手道に変更された。秀行時代に箕輪御門を石垣に改修して大手道としたことが、後世の丹羽家の記録にも書かれているのである。

二本松市では、平成三年（一九九一）三月から平成十四年（二〇〇二）八月まで七次にわたって発掘調査が行われた。本丸の下に大石垣の遺構がある。大石垣は緩やかなノリを主体に構築され、その築石には野面石あるいは粗割石が用いられ、積み方は穴太積みである。レンガを寝かせるように大小の石材を横積みし、横目地が数石しか通らない布積み崩しとなっている。大石垣の出角部の角石は完全な算木積みではなく、規格性は認められない。角脇石にも大小、長短があり、寛永期のように一様ではないことから『二本松城址Ⅰ平成2—3年度調査報告書』では、この大石垣は慶長年間の遺構と考えられるとしている。本丸北側にある二段石垣についても慶長年間、つまり秀行の時代のものであろうということである。

第六次の搦手門付近を対象とした調査では、二つの時期の門跡が確認された。第一期は掘立柱による冠木門《かぶきもん》で、現存する門跡とほぼ同じ位置に検出され、氏郷時代の所産と推定されている。第二期の門跡は現存する礎石立の門跡で高麗門、搦手門台石垣の調査により、蒲生氏の後の加藤氏の時期の構築であることが確認されている。

第七次調査では、本丸南直下大石垣の一段下の斜面に検出された石積が現在数石露出している。調査の結果延長一三・六メートル、高さは最大約二メートルの石積が北東から南西へ連なって検出された。この石垣の特徴は、これまで城内で確認されている他の穴太積みの石垣とは異なっていることが確認された。①石材が小型であること、②勾配が急であること（ほぼ垂直）、③裏込め石がみられないことの

二本松城本丸北側の二段石垣

三点により、蒲生氏以降の石垣技法を用いていないとの判断だ。時代としては畠山氏時代の末期から伊達氏にかけての年代ではないかということだ。二本松城には土塁と空堀の中世山城の遺構も残り、在地の技法で石積みが築かれ、蒲生氏の時代に織豊系の近世的な石垣へ移り変わり、さらに江戸期の石垣技術が見てとれ、築城の変遷が分かる貴重な城である。

小浜《おばま》城（福島県二本松市）

築城時期●文明三年（一四七一）　**築城者**●大内晴継　**城の分類**●山城

小浜城は文明三年（一四七一）大内晴継によって築城されたという。大内氏はもともと若狭国小浜に住んでいたが、晴継の代に安達郡塩松に来て城を構え小浜城と名付けた。畠山氏や伊達氏など近隣の強豪の攻勢を受けながら持ちこたえていたが、天正十三年（一五八五）大内定綱の時、伊達政宗に攻め落とされ政宗が小浜城に入城する。この時政宗の父輝宗は、小浜城の南西側にある宮森城に入る。輝宗は畠山勢に誅殺され、これを機に政宗の会津攻略が本格化する。政宗が小浜城を拠点としてその後二本松城も攻め落とし、佐竹・蘆名らの連合軍も破る。政宗は天正十四年に米沢城に戻るまで一年間小浜城を拠点とした。その後も南奥州に勢力を拡大するが、天正十八年（一五九〇）秀吉の奥州仕置により会津領を没収され、氏郷が領することになる。

小浜城は天正十九年の再仕置で氏郷の領地となり、蒲生忠右衛門が二万五千石で城代に入る。小浜城は塩松城や四本松城とも称されるが、名前が混在して使用されているので整理すると、四本松城という城は小浜城からさらに北よりにある別の城である。近世になって二本松城に対して地理的に東側にある城ということで四本松城と呼んでいるケースがある。塩松という地名も福島県中通り北部の広い範囲を塩松と呼んでおり、他の城も含んで塩松城と呼んでいる場合もある。また、輝宗亡き後の宮森城は政宗の小浜城の城代を置き、一体化していた沿革をたどり、蒲生時代も小浜城の前線基地として防衛手段が講じられ、小浜城の城代が置かれた可能性がある。

大内晴継が築城した小浜城は標高二九六メートルの山上を中心とする中世の山城である。福島県旧岩代町（現二本松市）では、昭和五十六年（一九八一）三月に本丸部分を対象に発掘調査が行われた。小浜城の城郭域は南北六〇〇メートル、東西四〇〇メートルにわたる広大なもので、主要部分は主郭と西側の軍艦山と呼ばれる二ノ郭と東側の西京館と呼ばれる三ノ郭から構成されている。この三つの郭は堀切で明確に区画され、主郭と三ノ郭を区画する堀切は大きく開いており、ここに車を駐車させてもらった。まず主郭の南側虎口の右側に立派な石垣が見える。これが蒲生時代に築造された石垣である。他の支城が野面積みであるのに対して、ここの石垣は切石法が不統一で目地も粗略だが、打込接《うちこみは》ぎの手法で築造されている。横幅が一メートルを越える大石に栗石を噛ませて積み上げていることから、旧岩代町の発掘調査報告書では慶長年間後半と推定されている。これは石垣に限っての比定年代で、城郭普請は天正・文禄年間から継続的になされていると考えられるという。いずれにしても氏郷が会津領主となり、秀行の会津再封時代を通して、近世城郭に生まれ変わったことは確かである。また、現在は城址公園となっている主郭入口の階段脇には横矢掛り状に屈折する石垣があり、角の隅石には算木積みの石垣が配されるという高度な技法もみられる。現在は虎口の右側にしか石垣が残らないが、かつては西側にも存在したという。小浜城は元和元年(一六一五)廃城令により破壊され、後世にも石垣を取り出して搬出されたともいわれる。

昭和五十六年三月の本丸部分の発掘調査によると、掘立建造物跡八棟、柵列三本、土杭二を検出し、草葺きもしくは檜皮葺きなどの寄棟造りの建物があったことが確認されている。主郭西側の出張り部分には多門櫓状の建物がせり出していたことが判明、建築的な横矢掛りだったという。現状主郭は東側が高く(上段)、西側が低い(下段)二段構えで、比高差一・七メートルに分かれているが、この段差は近代の耕作や公園化によって生じたものであることが、発掘調査で判明した。主郭からは安達太良山も見渡せ、南側に展開する居住地から見ると、虎口脇に築かれた大石垣は新たな支配者蒲生氏の権力の大きさを象徴するものだったのだろう。

主郭の西側には現在道路となっている堀切を隔てて二ノ郭があり、二重の堀切とみられるという。この二ノ郭の南側が追手坂という字名から大手であったことを伝える。東側にも堀切を隔てて三ノ郭がある。郭は北東から南西へ伸びる尾根を造成して作られたもので、南北に上下二段構造で段差は約一メートルである。さらに南側には現在稲荷神社が祀られている出城があり、防衛拠点になっている。全体として広大な山城で、麓にある旧岩代町役場に当時の小浜城の想像図が飾られているが、建造物が存在した風景は壮観だったに違いない。

梁川城《やながわ》（福島県伊達市）

築城時期●南北朝時代　**築城者**●伊達氏　**城の分類**●平城

梁川城を築いた伊達氏は『吾妻鏡』に出てくる伊達常陸入道が、源頼朝が鎌倉幕府を開く前の建久元年（一一九〇）までに常陸から伊達郡に移り、伊達氏を名乗ったとされる。三代義広は梁川西方の粟野大舘を居館とし、四代政依は東昌寺を桑折《こおり》に創建、鎌倉期伊達氏の伊達郡領有支配は桑折と梁川を拠点としていたと考えられる。伊達氏と梁川城の関係が明らかになるのは室町期の十一代持宗からで、応永二十年（一四一三）持宗は大仏城を拠点に関東公方に対抗し、梁川城に再び居所を移したとされる。十四代稙宗は天文元年（一五三二）、居城を桑折の西山城に移し、梁川城を子の宗晴に与えた。

天正十九年（一五九一）再配置により、氏郷に伊達政宗の旧領地が与えられ、梁川城代に蒲生頼郷を入れる。文禄三年（一五九四）氏郷は領内惣検地を実施し、各村の村高と給人を『蒲生領高目録帳』に記した。その中で、頼郷が梁川村二千二百五十九石など一万三千百五十石を給地しており、頼郷は梁川城を拠点に村々を統治していたことが分かる。慶長三年（一五九八）秀行宇都宮転封で蒲生支配は終わり、上杉領時代の元和元年（一六一五）一国一城令では破却を免れ、正保元年（一六四四）幕府が全国の諸大名に命じて作らせた城絵図にも梁川城は描かれている。ところが寛文四年（一六六四）米沢藩主上杉綱《つな》勝《かつ》が急逝し、養子綱憲《つなのり》が半知家督相続の幕命を受けて伊達郡は幕府領となり、梁川城は破却された。

梁川城は広瀬川の北側、比高一〇メートルほどの河岸段丘を利用して築かれた平城で本丸・二の丸・三の丸の内郭と北三の丸と呼ばれる侍町が配置されていた。本丸跡に建っていた梁川小学校は別の場所に移転されて、東日本で唯一といわれる中世庭園が残されている。その脇には蒲生時代に築かれたと思われる割石を交えた布積み崩しの野面積みで、下部には大石もある石垣が残り、正保時代の絵図には二層の櫓が描かれている。二の丸には梁川中学校と梁川高校が建ち、このあたりは文教地区になっているが、高校の南西側には大規模な土塁が残っており、平城の防御性を高めている。当時は堀もあったのだろうが、遺構は見られない。しかし、北三の丸を歩くと多くの遺構が残っている。特に大手桝形虎口は二〇メートル位ある方形の巨大なもので、当初伊達氏が築いたものだろうが、蒲生氏か上杉氏の時代に整備・拡張された可能性もある。周囲には今も水を湛える堀が残っており、二メートル位の高さの土塁が続く。伊達氏発祥の地ともいえる場所で、七年間という短期間ではあるが、蒲生氏が中世の城を改修して近世城郭としての道筋をつけた功績は計り知れない。

白石城《しろいし》（宮城県白石市）

築城時期●不明（天文十四年〈一五四五〉文献に登場）　**築城者**●白石氏　**城の分類**●平山城

白石城は刈田郡白石を支配した白石氏が代々領主だったが、戦国時代伊達の支配下に入り、天正十九年（一五九一）奥州再仕置で氏郷の支配となり、蒲生郷成を城代に置いた。

『白石城跡発掘調査報告書』では「三階櫓部分と櫓から南に延びる石垣部分は大きな自然石を積み上げ、裏込め栗石もしっかり詰めてあり、堂々たる野面積であった。これは蒲生の築城の伝承に矛盾せず、穴太衆の技法で積み上げたと考えられる」と書かれている。現地の「白石城本丸跡外郭石垣」の説明版には「南側の石垣は野面積みで、野面積みとは自然石にあまり加工をせずに石を積む積み方です。よく見ると大きな石の周りに小さな石が取り囲むように積まれています。積まれた時代

白石城三階櫓

は文禄年間（一五九二〜一五九五）と考えられています」と書かれている。ちょうど氏郷が会津若松城築城に着手した年から、氏郷が亡くなる年までの期間とぴったり一致するのである。白石市の解説では氏郷の領地となり、郷成を城代に置いたときに城の名を益岡城に改称したとされる。

白石城は、秀行が宇都宮に転封された慶長三年（一五九八）で蒲生氏の支配は終わり、その後上杉景勝が支配するが、関ヶ原合戦で伊達政宗が白石城を攻撃し再び伊達領となる。政宗の重臣片倉小十郎が大改修を行い、明治維新まで片倉氏の居城となる。元和元年（一六一五）の一国一城令以後も仙台城と白石城の二城が許され、幕末維新時には奥州越三十一列藩同盟がこの城で結ばれるなど歴史上重要な役割を果たし、明治七年（一八七四）に城は解体される。白石城は破却されるまで、江戸時代末期の文政六年（一八二三）再建された三階櫓（実質は天守だが支城のため天守と呼べなかった）があった。これを平成七年（一九九五）、絵地図や古記録から木造で忠実に復元、石垣も野面積みで復元された事などが評価され、「続日本100名城」に選定された。

蒲生氏が白石城に城代を置いたのは僅か七年間であるが、郷成は奥州仕置で安子島から二本松城代、再仕置で白石城代と常に伊達氏に対する最前線の城を預かり、葛西大崎、九戸制圧戦でも一番手を務め氏郷が最も信頼を置いた家臣の一人である。氏郷没後の秀行会津復帰のおりも領内東端の守山城代を命じられ、伊達に対峙する城の築城をまかされており、白石城の築城にも深く関わり、強固な城を作った事が想像できる。

猪苗代城《いなわしろ》（福島県耶麻郡猪苗代町）

築城時期●鎌倉期　**築城者**●猪苗代氏　**城の分類**●平山城

天正十八年（一五九〇）氏郷会津拝領時、支城猪苗代城代に蒲生郷安を入れるが、すぐに郷安を長沼城に移し猪苗代城代には町野繁仍を入れる。氏郷は八月に会津領を拝領すると、十月に旧葛西大崎領で氏郷配下の新領主木村吉清に対する一揆が起こる。氏郷は葛西大崎の一揆制圧のため十一月五日会津を進発し、猪苗代に入る。その日は大雪が降っており城代の町野繁仍は「この寒空に戦に向かうのは人馬も疲れ勝利を収めるのは難しい。来春暖かくなるのを待って進軍されてはいかがでしょうか」と申し上げると、氏郷は「お前の言葉に耳を傾けないわけではないが、秀吉公から木村とは親子とも思えといわれている。ここで木村を討たせては末代までの恥であり、自分の命は果てるとも今出陣するしかない」と答えた。翌六日には町野繁仍も伴って猪苗代を出発して、その夜に二本松に着いた。

猪苗代城は別名亀ケ城と呼ばれ、その縄張は磐梯山南麓の火山性泥流堆積物の突端部を利用したものである。南北約六〇〇メートル、東西約二〇〇メートルの細長い馬ノ背状の小丘陵に築かれた平山城で、尾根を東西に分断する堀切を境に、北に鶴峰《つるみね》城、南に猪苗代城という二つ城があった。中世この地を支配した猪苗代氏が利用していたが、氏郷が入ってここを支城とした時に南側の猪苗代城だけを大改修し、北側の鶴峰城を廃城にした。筆者は鶴峰城にも登ったが、柵列や石積虎口など中世の城の遺構が残っている。

猪苗代氏の主城だった時代の猪苗代城は、山城部分が中心でその周辺に帯郭を設け、これらを空堀で囲んだ輪郭式の丸味を持った縄張りだった。これが氏郷の時代になると、縄張は東側の平坦地に大きく拡張され、二の丸、三の丸を設けた梯郭式《ていかくしき》の城に変わり、町屋を取り込んだ総構のある城下町も築かれた。そしてこの東側に石垣が多く築かれたのは、豊臣政権の奥州総司令官として氏郷が会津に入部し、その威厳を示すための演出があったことがうかがえる。信長が安土城築城で民衆に示した「見せる城」を真似たのかもしれない。

猪苗代城遺構の特徴は石垣にある。大手口多門櫓台石垣は、自然石を主体に割石を交え

縄張図　猪苗代城

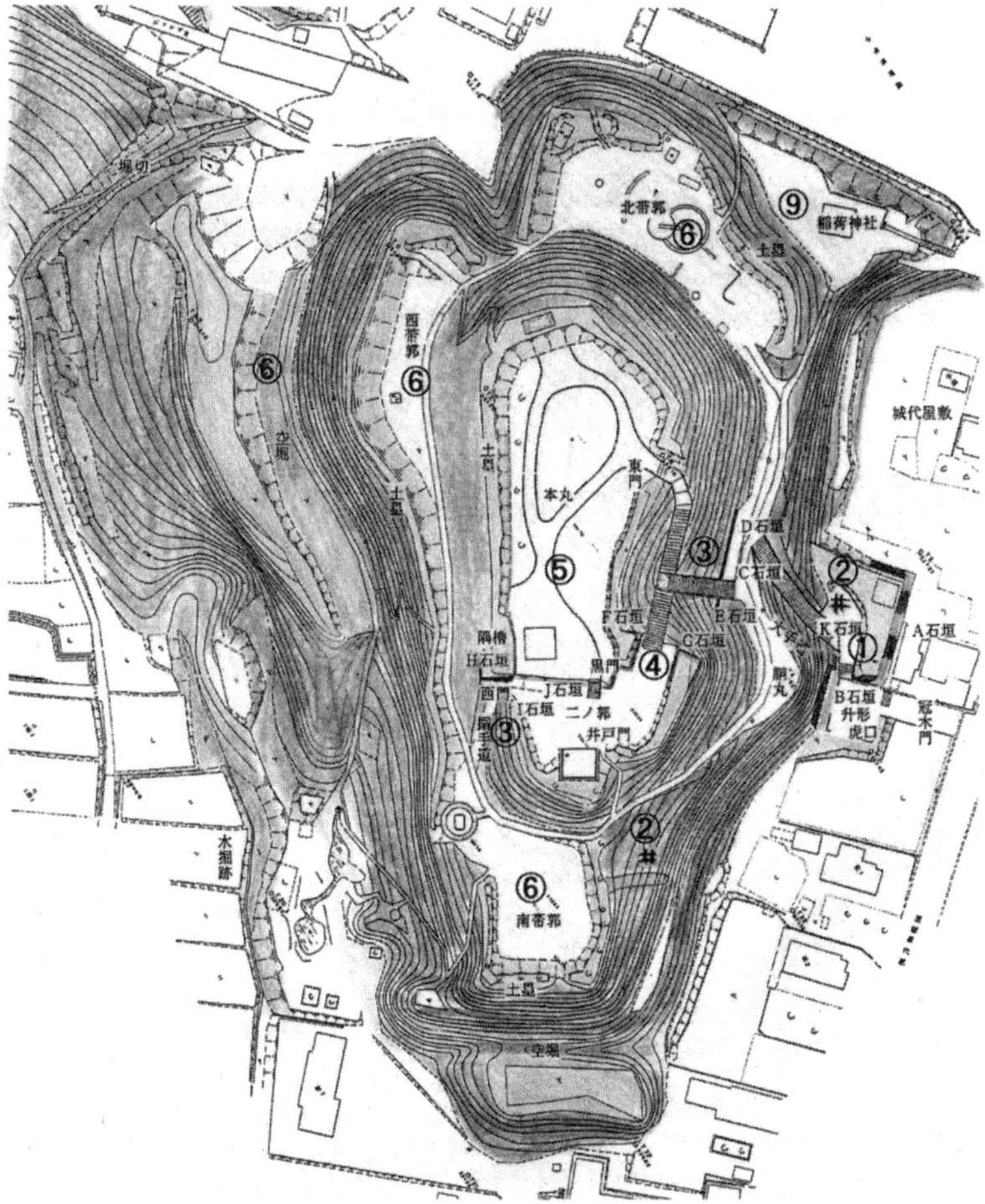

作図：兼田芳宏（猪苗代町図書歴史情報館学芸員）（『亀ケ城の歩き方』より）

た布積み崩しの野面積みで、会津若松城天守台石垣と同様の積み方であり、氏郷が会津領主の時代の石垣を今に伝えていると考えられる。東側の大手枡形虎口に位置し、まさに見せるための石垣だったのであろう。この桝形虎口から上ると帯郭法面石垣がある。法面基部を補強する石垣で、鏡石の下方は氏郷時代の石垣が残るが、その他は江戸時代中期以降の間知石《けんちいし》で修築されているという。間知石とは大小二つの面を持った四角錐状（底面が四角形の錐体）の石材のことで、広いほうを外側に連ねて用いた。さらに二ノ郭に行くと、二ノ郭に入る多門櫓台東西の石垣で、正面は左右対称に隅角部を切石による算木積み、側面は加工した間知石で布積みにしており、江戸時代中期の修築と考えられるという。

このように氏郷の会津拝領時、会津若松城の北東部の押さえの城として最初の石垣の城が築かれ、江戸時代に修築を重ねながら現在の姿になった事がわかる。秀行再封期の岡定俊が城代を務めた時代には、キリスト教の布教活動が活発に行われた事もある。元和元年（一六一五）の一国一城令が出されたときも、猪苗代城は存続が許され、戊辰戦争で新政府軍に攻められ、慶応四年（一八六八）焼失するまで残った。

鴫山《しぎやま》（南山《なんざん》）城　（福島県南会津郡南会津町）

築城時期●室町時代　**築城者**●長沼氏　**城の分類**●山城

天正十八年（一五九〇）、氏郷は会津若松城を本城として領内に支城を設け家臣を配した。奥会津地方には鳴山（南山ともいう）城と伊南《いな》（久川）城が設けられ、鳴山城には小倉行春が配された。

小倉行春は氏郷の父賢秀の弟小倉実隆（小倉家の養子となる）の息子で、氏郷とは従兄弟同士の関係になる。孫作や作左衛門尉などと呼ばれるが本書では行春で統一する。行春は九戸の乱のとき十三番後備で出陣して戦功をあげ、氏郷が会津領を拝領した時から秀行の再封まで、すべて鳴山城代を務める。しかし慶長十四年（一六〇九）岡重政らと対立して出奔、大坂夏の陣で豊臣方の浪人頭として働き討死した。

鳴山城は、惣構えを備えた根小屋《ねごや》式山城だといわれる。愛宕山の頂上から続く尾根や谷間を巧みに利用した土塁や空濠などに囲まれる中世の山城だった。愛宕山は標高七五〇メートルあるが、山頂部分の主郭は小規模なもので、大人数が籠城するスペースはなかったようだ。鳴山城の築城時期は不明だが、長禄四年（一四六〇）に山内越中と白川氏が南山鳴山の城を攻め落としたという記録が残るといわれ、この頃にはすでに城が存在していた。中世この地を支配していたのは、栃木県長沼を本拠とする長沼氏で、鳴山城を築城したのも長沼氏と推定されている。

天正十八年、小倉行春は六千三百石で鳴山城に入城、その後上杉の手に渡った後秀行再封で再び城代になると、山頂部にあった詰城を放棄し、中腹にある上千畳・下千畳・御平庭などの鳴山城の中枢域を築いたものと思われる。上千畳が本丸、下千畳が二の丸、御平庭が三の丸という位置づけで、大門（鳴山城の大手門）の石垣も行春が築いたものと考えられる。東西の空堀は大門の虎口で南北に食い違いをみせて歪みを作り、東壁塁より西に延びて横矢掛りを伴い、内城を囲い込んで南の山根に至る。堀は深さ四～五メートル、幅一二～一四メートル程で急傾斜となっており、長柄槍の戦闘を想定したと思われる構造となっている。大門は二階建の郭門が古地図に見られるという。惣構えの土塁の遺構も残り、外郭・内城・詰城の三段階構成で成り立つ根小屋式山城という特殊な城を、蒲生氏の時代に近世城郭に整備したが、元和元年（一六一五）幕府の一国一城令により鳴山城は廃城となる。その後山麓に田島陣屋が置かれ、現在もこの辺りは南会津郡の中心地となっている。

久川《ひさかわ》（伊南《いな》）城（福島県南会津郡南会津町）

築城時期●不明　**築城者**●不明　**城の分類**●平山城

天正十八年（一五九〇）、氏郷が奥会津地方に設けたもう一つの城が伊南城である。伊南城は廃城後の十七世紀後半に久川城という名称が根付いたとされるが、本書では久川城で統一する。当初久川城には蒲生郷可が配されたが、天正十九年（一五九一）、九戸制圧後の再配置では『氏郷記』の中に久川城の名前は消えており、一時的に廃城となったようだ。文禄三年（一五九四）、氏郷が亡くなる直前の『蒲生領高目録帳』には、伊南伊北で領地をあてがわれた家臣は布勝左ひとりだけで、この地のほぼ全てが氏郷の直轄地（蔵入地）になっていると推定される。蒲生氏の後、会津に入封した上杉氏の時代にまた久川城が支城として復活する。

慶長六年（一六〇一）再び秀行が会津に入封すると、蒲生忠右衛門（彦太夫から改名）が配され、久川城の改修を進める。地元に残る記録（伊南村史里雑交）では、忠右衛門の材料調達が強引すぎたので、領民から不評が出たと書かれている。慶長十四年（一六〇九）蒲生家内の家臣間の紛争により、忠右衛門は蒲生郷成・関一利らとともに出奔したとされ、この年か元和元年（一六一五）の一国一城令に伴う廃城かどちらかの時期に廃城になったようである。

久川城が歴史的役割を果たすのは、慶長五年（一六〇〇）関ヶ原合戦の奥羽越での軍事行動であるといわれる。江戸時代、沼田街道の宿場町としての役割を果たした伊南地域は、関ヶ原合戦時には、石田三成らの上方西軍が真田昌幸父子を介して、上田と沼田を経由して会津の上杉景勝と情報伝達を行っていたことが文書に残っている。沼田街道を通って会津に入る玄関口として久川城が大きな役割を果たしたのだろう。

氏郷は松坂城、会津若松城という総石垣の織豊系城郭を築き、会津領内の支城も、それまでの土の城から石垣を使った城へ改修し、奥州に石の城を作った功績は計り知れないものがある。ところがこの久川城だけは、虎口にわずかに石積みが残るだけで、氏郷が築城した唯一の土の名城である。何故氏郷はここに石垣の城を作らなかったのか。その理由を筆者は次のように考える。一つは、氏郷が会津に入って最も警戒すべき相手は伊達政宗であり、伊達氏の領国である北東方面に位置する猪苗代城・二本松城などは優先的に石垣で改修して守りを固め、比較的強敵の少ない南西方面の久川城は土の城としたのではないだろうか。二つ目は九十二万石という広大な領地に着任当初十一城、最大十七城の城に家臣を支城主として配し、すべての城を織豊系城郭とするために大量の石工職人等を確保する事は不可能だったのかもしれない。

通常の山城だと山の尾根を削平して、曲輪を連結させるという築城方法であるが、久川城は尾根ではなく緩斜面を削り込んで曲輪を形成し、尾根を天然の土塁とする縄張であることが最大の特徴である。この天然の土塁が背後からの攻撃を遮断して、強固な防御体制を作っている。敵が一番に攻撃してくる虎口は、巨大な桝形虎口を作り、各曲輪にも桝形虎口で遮断するという防御ラインを作っているのである。連郭式城郭の遺構が削平した本丸・二ノ丸・三ノ丸・南ノ丸の曲輪に明確に残り、各曲輪を分断する空堀（竪堀）や桝形虎口も残る魅力的な山城である。

南会津町では昭和六十年（一九八五）から久川城跡の調査開始以来、数度の調査をして平成二十一年（二〇〇九）には本丸櫓台の試掘調査を実施。その調査報告書によると、本丸櫓台上に建てられた大型の礎石建物跡から、瓦は葺かれず板葺きの屋根だが天守が建っており、望楼型天守の可能性もあると考えられている。しかし、本城の会津若松城のように石垣・礎石建物・瓦葺の三つが揃う織豊系城郭とは全く違った城であった。

登城 MEMO ④

会津領内の氏郷の支城・久川城

「氏郷の会津九十二万石」とよく言われるが、いったいどれだけの広さがあり、どんな景色をしているのだろうと思った。そして、それを隅々まで見てみたいという気持ちが沸き起こり支城巡りをした。会津若松や白河から奥会津地方に車を走らせると、どんどん山の中に入り込み、氏郷の領地がいかに広大で深い山の中にあったかを実感する。筆者が久川城に行ったのは五月で、車で新緑を眺めながら細い山道を走った。四百年以上前に氏郷が馬に乗ってこの道を走っている姿と車を運転する自分自身が同化するような感慨に浸った。

中山城《なかやま》（山形県上山市）

築城時期●不明　**築城者**●不明　**城の分類**●山城

中山城は山形県上山市の南西端、上山盆地と米沢盆地の間にある山城で、氏郷の会津領では最も北方に位置する。天正十九年の再仕置で、伊達氏の領地だった置賜《おきたま》郡下長井を伊達政宗の主城だった上長井の米沢城とともに羽州の一部を氏郷の領地とした。城代には蒲生郷可が一万三千石で入り、秀行の宇都宮転封まで務めた。中山城の東側は前川という川に沿って南北約四キロメートルに渡る谷が続き、羽州街道が通る交通の要衝で山形方面と米沢方面を結んでいた。

築城時期・築城者とも不明だが、永禄・元亀年間（一五五八～一五七三）頃、中山弥太郎が小砦を改修して構築したとされる。中山城は伊達氏家臣が在城する境目の城として、山形城主最上氏に対して国境を守備していたと考えられ、中山城の北東の物見山に砦を築き、物見台とのろし台を置いたといわれる。天正十六年（一五八八）政宗が大崎氏に攻撃を仕掛けたとき、大崎の救援にまわった山形城主最上義光はこれをけん制し政宗と対立した。この抗争は四か月程で和睦が成立し収束するが、その後政宗は領界警護を強化したという。また秀行転封後の慶長五年（一六〇〇）、関ヶ原合戦では蒲生の後会津領主となった上杉景勝は、家康の上杉討伐に備えて警備を一段と強化し、中山城の防衛力を固めたとみられる。九月十六日、直江兼続からの指令を受けて中山城に大軍が集結、最上軍と乱戦となるが関ヶ原での戦いはすでに終結したことが明らかになり、中山城の戦いも終局した。上杉は米沢三十万石に減封されるが、中山城は上杉配下の重臣が城代に着き、元和元年（一六一五）一国一城令でも城構えはそのまま残り、元禄五年（一六九二）米沢藩の財政的理由により廃城となり、御役屋陣屋が構えられた。

中山城は山頂に構築された主郭を中心に、南東方向にL字状に延びた斜面稜線を段状に加工した縄張りで、主郭には天守台の遺構が残る。天守台には蒲生郷可が城代の時、四面すべてに築いたと思われる石垣の遺構がある。保存状態はあまりよくないが、野面積みに割石を交えた、上部は小石が多いが下部には大石も置いた石垣で、南西隅部は比較的よく残されている。山の南東部の近世御役屋陣屋があったところから登ると、南側斜面に敷設された幅四メートルほどの帯郭がある。これを東に進むと四の郭があり、何度もクランクさせた堀底道を通って三の郭、二の郭に繋がっている。主郭は三〇メートルから五〇メートルの方形で、堀切で切断した中世の山城の遺構も残る。

山形県埋蔵文化財センターの発掘調査では、山城の部分までは分からないが、僅か七年という蒲生氏の時代に、中世の山城から近世の石垣造の天守台が築かれた事はまず間違いないと思われる。天正・文禄期、この遠い羽州の地まで氏郷の築城技術が及んだ事は日本の城郭史に残る大きな成果だといえる。

資料編

城郭用語解説

（　）内の数字は初出頁

土塁《どるい》　城とは土から成ると書く。掘った土を盛ったり、山の斜面を削り障壁を築いて敵の侵入を防いだ。（P12）

比高《ひこう》　盛土やがけなどの高さを近くの平らなところとの差で表す。海抜高度より近接した二地点の高度差で表した方がいい場合に使う。（P13）

惣堀《そうぼり》　城のほか城下町一帯を含めて大きく取り囲む堀のこと。（P14）

空堀《からぼり》　堀切・竪堀・横堀などの水のない堀の総称。（P14）

土橋《どばし》　出入口に至る堀切の一部を掘り残し、または土盛をして通行用に供した土の橋。（P15）

縄張《なわば》**り**　城の設計プランのこと。城全体の形から曲輪・天守・櫓・堀の配置を決定すること。（P15）

模擬天守《もぎてんしゅ》　天守の規模・位置・外観などが史実とは大きく異なる場合や、天守があったかどうか分からないのに再建した天守。（P23）

曲輪《くるわ》　防御・居住を目的に削平された平地。郭・丸とも呼ばれる。（P32）

搦手門《からめてもん》　裏口の門。正面の門は大手門。（P32）

堀切《ほりきり》　尾根を断ち切るように設けた堀のこと。山城では尾根伝いに侵入を防ぐことが大切で、堀切は山城の一般的な防御施設。（P38）

切岸《きりぎし》　曲輪の外周などに設けられた人工的に削った急斜面。（P38）

主郭《しゅかく》　中心となる曲輪のこと。近世では本丸と呼んだ。（P38）

連郭式《れんかくしき》　縄張りの分類形式の一種。本丸・二の丸・三の丸を並列する構造の城郭。曲輪の配置形によって梯郭式・輪郭式などのパターンがある。（P42）

虎口《こぐち》　城の出入口のこと。攻城戦の最前線となるため、城郭の中で最も防御構造を厚くする必要がある。（P42）

単郭方形《たんかくほうけい》　甲賀地域に多くみられる一辺約五〇メートル四方を高い土塁と堀で囲んだ方形で、単独で立地する城。（P46）

馬出《うまだし》　虎口の前面に設けられた攻撃と防御の両面で拠点となる小規模な曲輪のこと。形状によって角馬出・丸馬出などがある。（P46）

付城《つけじろ》　攻撃の拠点として相対して築いた城。向かい城・出城。（P47）

多門櫓《たもんやぐら》　城壁の上に長く続く平櫓（一重の櫓）のこと。（P79）

横矢掛《よこやがか》り　石垣や土塁・堀などを曲げることで、城壁に近づく敵兵を二方向以上から弓や鉄砲で攻撃できる。（P81）

桝形虎口《ますがたこぐち》　虎口部分に方形の区画を設け、石垣や土塁・堀によってほぼ四角く囲んだ空間、広場。敵方の直進を防ぎ、複数方向からの攻撃が可能。（P81）

外桝形《そとますがた》　曲輪の外に作られた桝形虎口。内側に作られたものは内桝形。（P87）

詰城《つめのしろ》　戦闘の際立て籠もる山城。主郭を詰丸ともいう。（P97）

乱積《らんづ》み　不規則な形の石どうしを積み上げている石垣の積み方で、横目地が揃っていない。（P141）

布積《ぬのづ》み　石垣の横方向の並び方がほぼ揃っているもの。（P141）

望楼型天守《ぼうろう》　一階建てや二階建ての大きな入母屋造の建物の上に一階建てから三階建ての物見（望楼）を載せたもの。一階から最上階まで順番に積み上げていく形式の天守は層塔型天守という（例　会津若松城）（P149）

千鳥破風《ちどりはふ》　入母屋造や切妻造の屋根の妻壁の先端部分を破風という。千鳥破風は三角形の破風で、屋根に置くだけのもの。（P149）

埋門《うずみもん》　石垣中に設けられた小型の門。石垣に穴を開けて造ったり、石垣を開けて上部に土塀を設けたりした。（P159）

冠木門《かぶきもん》　控柱や屋根を省略した冠木を通しただけの簡単な門。（P183）

高麗門《こうらいもん》　本柱の背後に控柱を立て、本体の大屋根に直行するように、それぞれの控柱上にも小屋根がのる形で、屋根はいずれも切妻屋根の門。（P184）

打込接《うちこみは》ぎ　石垣の加工分類の一種。粗割石の接合部を加工して石材間の隙間を減らし、その隙間に丁寧に間詰石を詰めた石垣。他に野面積み・切込接ぎなどの種類がある。（P187）

梯郭式《ていかくしき》　縄張りの分類形式の一種。本丸の二方や三方を囲む曲輪の配置形式で、本丸が中心ではなく偏った位置になる。（P194）

根小屋《ねごや》　根小屋とは元々寝るための小屋のことで、城を守る番兵が寝起きする小屋。（P197）

中世城郭縄張図

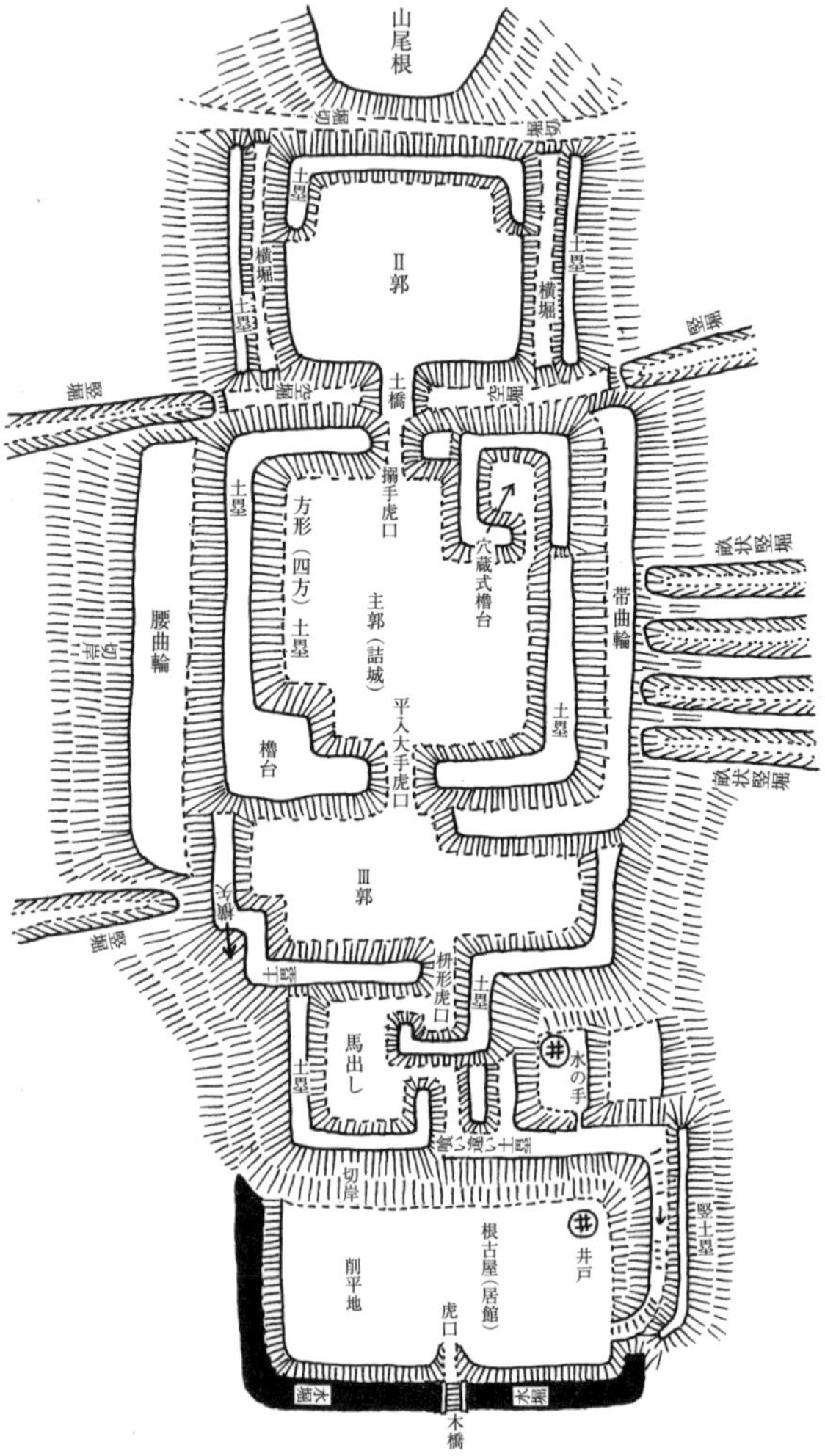

※『近江の山城を歩く70』（解説・縄張図作成　福井健二に一部加筆）

年表

年号	西暦	氏郷年齢（数え歳）		城関連事項	参考事項
弘治2	1556	1		日野中野城で蒲生賢秀の嫡男として誕生。幼名鶴千代	
永禄11	1568	13		賢秀が信長に降り、鶴千代は人質として岐阜城に送られる	織田信長近江に侵攻
永禄12	1569	14	8月	信長に従い、伊勢大河内城攻めで賢秀が南の山に布陣、氏郷初陣。氏郷今徳城攻めで戦功を挙げる	冬、信長は冬姫を嫁がせ日野帰国を許す
元亀元	1570	15	4月	信長越前朝倉攻めに出陣。賢秀・氏郷父子、柴田勝家与力として手筒山城攻め。	手筒山城攻めの功により五千石加増され、六万石となる
天正元	1573	18	4月	六角攻め鯰江城合戦に参戦、落城。百済寺城に入城し百済寺を焼き払う。	室町幕府滅ぶ
			7月	宇治槇島城の足利義昭を攻撃、勇戦して信長から羽織を賜る	
			8月	小谷城攻め、刀根山、大嶽で勇戦	
天正2	1574	19	7月	伊勢長島の一向一揆攻め、松之木渡城を落とし大鳥居城を攻める	
天正3	1575	20	5月	長篠城（設楽原）の合戦に従軍	
天正6	1578	23	11月	有岡城攻めに出陣、塚口砦を守る	荒木村重、信長に背く
天正9	1581	26	9月	第二次天正伊賀の乱、甲賀口より伊賀へ侵攻。壬生野城を落とす	

天正10	1582	27	3月	信長に従軍して高遠城に陣を構える。武田勝頼自害	3月武田氏滅ぶ。6月2日本能寺の変
天正11	1583	28		賤ケ岳合戦の前哨戦で亀山城、峯城を攻める	賤ケ岳合戦
天正12	1584	29	3月	松ケ島城攻囲後、小牧山城を攻囲。	小牧・長久手の戦い。父賢秀鎌掛城で死去。氏郷松ケ島12万石を拝領。キリスト教入信、洗礼名レアン（レオン）
			5月	小牧山城から撤兵、氏郷殿をつとめる。	
				竹ケ鼻城、加賀野井城攻撃。	
				南伊勢拝領後、戸木城、口佐田城・奥佐田城攻撃	
天正13	1585	30	3月	紀州根来・雑賀一揆攻め、積善寺城を攻撃。	
			8月	越中佐々成政の富山城を包囲	
天正15	1587	32	3月	秀吉九州出兵、初戦の岩石城攻め。氏郷兵２０００で先陣として従軍	10月、京都北野大茶会、氏郷二番席の客となる
天正16	1588	33		松ケ島から四五百森に移り松坂と改名、松坂城を築く	秀吉京都方広寺大仏殿の建立にとりかかり、氏郷大石を運ぶ
天正18	1590	35	2月	秀吉小田原攻めに出陣	氏郷、秀吉に願い出て佐々成政が使っていた三階菅笠の馬印を使用
			3月	伊豆韮山城攻囲、4月、韮山より移動し小田原城攻囲	
			7月	小田原城落城	

			8月	秀吉黒川着、会津・仙道42万石を氏郷へ与える。大崎・葛西の所領を没収して木村吉清へ与え、氏郷の与力とする	
			10月	葛西大崎一揆	
			11月	氏郷出陣して名生城を落城させて籠城する。木村吉清父子が閉じ込められていた佐沼城を開城	
天正19	1591	36	7月	九戸一揆制圧に出陣。姉帯城・根反城を落とし、九戸城を落城させる。氏郷73万石に加増	
天正20 文禄元	1592	37	6月	黒川を若松と改め、会津若松城築城に着手。夏、朝鮮出兵のため肥前名護屋城に着陣	
文禄2	1593	38	春ごろ	発病して下血する	娘を前田利家二男利政に嫁す
文禄3	1594	39	4月	伏見邸に秀吉を迎える。病再発して病状悪化	検地により実質92万石
文禄4	1595	40	2月	7日伏見屋敷にて死去。享年40	

(注)賦秀の時期もあるが成人してからの名前は氏郷に統一した。

参考文献

太田牛一（著）中川太古「現代語訳　信長公記」新人物文庫、２０１３年
感翁子「氏郷記」不明、１６３４年
不明「蒲生軍記」柏原屋与市、１６９５年
池内昭一「蒲生氏郷」新人物往来社、１９８６年
藤田達生「蒲生氏郷」ミネルヴァ書房、２０１２年
今村義孝「蒲生氏郷」吉川弘文館、２０１５年
高橋富雄「蒲生氏郷のすべて」新人物往来社、１９８８年
ルイス・フロイス（著）松田毅一・川崎桃太（訳）「完訳フロイス日本史」2・3、中公文庫、２０００年
日野町史編さん委員会「近江日野の歴史」第2巻、滋賀県日野町、２００９年
滋賀県日野町「ふるさと日野の歴史」２０１６年
松阪市「松阪市史」１９７７〜１９８５年
中倉憲昭「松阪城再発掘―氏郷、１５８８年の都市計画とその後」伊勢の國・松坂十樂、２００４年
松阪市文化財センター「氏郷の遺したもの」２０１１年
松阪市教育委員会「松坂殿町―伝統的建造物群保存計画策定調査報告書」１９８９年
松阪市文化財センター「氏郷の時代―城づくり・町づくり」１９９８年
松阪市「松阪城学術調査研究報告書」１９９１年
松阪市教育委員会「松阪城本丸跡上段発掘調査報告書」１９９２年
三重県埋蔵文化財センター「松阪城三の丸五曲口跡発掘調査報告書」１９９６年
松阪市教育委員会「国史跡松阪城跡」２０１２年
会津若松市「会津若松史」第2巻、１９６５年
会津若松市「会津若松市史」４、１９９９年

福島県立博物館「氏郷とその時代」２００２年
会津若松市「築城者蒲生氏郷　鶴ヶ城天守閣再建五十周年記念誌」２０１５年
会津史談会「会津史談会報」第65号
会津若松市教育委員会「史跡若松城跡本丸遺構確認調査報告書」１９９３年
安土城考古博物館「蒲生氏郷―戦国を駆け抜けた武将」２００５年
村田修三（監修）「織豊系城郭とは何か」サンライズ出版、２０１７年
三浦正幸「お城のすべて」学研プラス、２０１０年
中井均（編）「近江の山城を歩く70」サンライズ出版、２０１９年
福井健二・竹田憲治・中井均（編）「三重の山城ベスト50を歩く」サンライズ出版、２０１２年
千田嘉博「信長の城」岩波新書、２０１３年
西股総生「戦国の堅城Ⅱ・会津久川城」学習研究社、２００６年
南会津町教育委員会「久川城跡試掘調査報告」２０１７年
南会津町「伊南村史」２０１１年
稲葉浅吉「九戸の乱と姉帯城の人々」坂七印刷、１９９４年
二戸市教育委員会「史跡九戸城跡環境整備事業報告書」２００４年
一戸町教育委員会「一戸町文化財調査報告書第41集姉帯城跡」１９９９年
三春町歴史民俗資料館「蒲生氏の時代～暮らしの中の天下統一～」２０１５年
白河市「白河市史近世通史編２」第２巻、２００６年
白河市「広報しらかわ令和元年７月号」２０１９年
二本松市教育委員会「二本松城址Ⅰ平成２・３年度調査報告書」１９９２年
二本松市教育委員会「二本松城址Ⅵ平成14年度発掘調査報告書」２００３年
二本松市教育委員会「二本松城址第７次発掘調査現地説明会資料」２００２年
兼田芳宏「亀ケ城の歩き方」２０１２年
白石市教育委員会「白石城跡発掘調査報告書」１９９８年
宮城県教育庁文化財保護課「佐沼城跡調査要項」１９８１年

宮城県教育委員会「宮城県文化財調査報告書第183号名生館遺跡」2002年
郡山市教育委員会「守山城跡発掘調査報告書」2001年
福島県安達郡岩代町「岩代町の城館第Ⅰ編～第Ⅲ編」1987年
岩代町教育委員会「小浜城関連遺跡発掘調査報告書」1996年
岩代町教育委員会「小浜城跡西京館跡発掘調査報告」1990年
伊達市教育委員会「梁川城跡総合調査報告書」2018年
山形県埋蔵文化財センター「中山城跡第1次・第2次発掘調査報告書」2006年
三重県埋蔵文化財センター「佐田遺跡発掘調査報告」2000年
貝塚市教育委員会「貝塚市遺跡群発掘調査概要27」2005年
貝塚市「貝塚文化財だよりテンプス2004年18号」2004年
富山市教育委員会「富山城跡発掘調査報告書」2010年
東近江市埋蔵文化財センター「国史跡百済寺境内指定10周年記念展示　国史跡百済寺境内」2019年
愛東町教育委員会「百済寺遺跡分布調査報告書Ⅱ」2003年
愛東町教育委員会「愛東町内遺跡発掘調査報告書Ⅲ」1995年
愛東町教育委員会「愛東町内遺跡発掘調査報告書Ⅴ」2001年
兵庫県教育委員会「有岡城跡・伊丹郷町Ⅳ」2006年
高遠町教育委員会「史跡高遠城跡二ノ丸・三ノ丸ほか埋蔵文化財発掘調査報告書」2004年
伊豆の国市「韮山城跡百年の計」2014年
佐賀県教育委員会「名護屋城跡山里口石垣修理報告書」1992年
長沼城址を考える会「長沼城址散策マップ」
旧南会津郡役所公式ホームページ
織田信長公居館跡発掘調査ホームページ
伊丹市ホームページ

ご指導・ご協力いただいた方（順不同・敬称略）

中井　均（滋賀県立大学教授）
振角卓哉（日野町教育委員会）
門暉代司（ＮＰＯ法人松阪歴史文化舎理事長）
中村明央（一戸町教育委員会）
兼田芳宏（猪苗代町図書歴史情報館学芸員）
藤森　勉（レイカディア大学十人十色の会）

■著者プロフィール

福永　保（ふくなが・たもつ）

1955 年、滋賀県蒲生郡日野町生まれ。

1978 年、立命館大学卒業。

現在、蒲生氏郷公顕彰会副会長。

近江日野が生んだ名将

蒲生氏郷が攻めた城・築いた城

2020 年 9 月 27 日　第 1 刷発行

著　者　　福　永　　保

発行者　　岩　根　順　子

発行所　　サンライズ出版株式会社

〒 522-0004 滋賀県彦根市鳥居本町 655-1

電話 0749-22-0627

印刷・製本　サンライズ出版

© Fukunaga Tamotsu 2020 無断複写・複製を禁じます。

ISBN978-4-88325-702-7 Printed in Japan　定価はカバーに表示しています。

乱丁・落丁本はお取り替えいたします。